KB124950

어떻게
말해야
설득할 수 있을까?

공감설득의
비밀

어떻게
말해야
설득할 수 있을까?

문충태 지음

Ｊ 중앙경제평론사

어떻게 설득할 것인가

왜 이 책을 써야 했나

나에게는 도전 목표가 하나 있다. '1년에 한 권씩 책을 쓰겠다'는 것이다. 이렇게 말하면 '헉' 하고 반응하는 사람이 있다. 평생에 책 한 권 쓰기 힘든데 어떻게 1년에 책을 한 권씩 쓰느냐는 반응인 것 같다. 녹록한 도전 목표가 아닌 것은 분명하다. 책을 한 권 한 권 쓸 때마다 거짓말 조금 보태서 코피를 한 바가지씩 쏟아야 했고 심한 몸살을 앓아야 했으니까. 하지만 1년에 한 권씩 책 쓰기에 도전하다보니 어느새 열일곱 번째 책이 나오게 되었다.

열여섯 번째 나온 책 제목이 《공감하면 사람은 90%가 바뀐다》이다. 이 책은 영업사원을 선발(일반적으로 '리크루팅'이라 한다)할 때 영업사원 후보자들을 설득하기 위한 상담법에 관한 내용을 담았다. 그런데 이 책이 나왔을 때 반응이 엉뚱한 곳에서 왔다. 영업과 관련된 매니저들을 주 독자층으로 해서 책을 썼는데 책이 나오자 영업과 전혀 관련이 없는 사람들이 이 책을 구입한 것이다. 의외가 아닐 수 없었다. 아마도 책 제목에 '공감'이라는 단어가 들어 있어 그런 것이 아니었나 싶다. 강의 요청 또한 영업직이 아닌 다른 곳에서 들어오기 시작했다. 민원인을 대하는 공무원부터 은행 직원 그리고 날마다 자녀들과 전쟁 아닌 전쟁을 하는 가정주부 모임에 이르기까지 다양한 분야에서 강의 요청이 들어왔다. 이 반응을 보면서 생각했다. 영업직종이 아닌 일반인을 위한 공감 소통 지침서가 있어야겠다고. 그래서 다시 펜을 들었다.

설득이 가장 좋은 방법일까

나는 30년 넘게 사람을 상대로 하는 대인 비즈니스 관련 업무를 해왔다. 사람을 상대로 하다보면 설득해야 하는 일이 종종 있다. 왜 설득해야 하는가? 관점이 다르기 때문이다. 추구하는 가치관이 다르기 때문이다. 서로 가려는 방향이 다르기 때문이다.

설득해야 하는 경우는 대인 비즈니스에만 있는 것이 아니다. 부부의 대화에서도, 자녀와 부모의 대화에서도, 윗사람과 아랫사람 사이에서도, 친구나 동료 사이에서도 설득해야 하는 경우는 비일비재하다. 이럴 경우 어떻게 말해야 할까? 어떻게 접근해야 쉽게 마음이 통하게 할 수 있을까?

우리는 날마다 사람을 만나고 또 사람과의 관계 속에서 살아간다. 그러나 사람을 만나다보면 이런저런 이유로 갈등을 겪게 된다. 가치관의 갈등, 관계의 갈등, 신앙의 갈등, 주도권의 갈등…. 그중에서 대표적인 것이 소통의 갈등이 아닐까 싶다. 서로 생각이 달라서 일어나는 갈등이다. 관점이 달라서 일어나는 갈등이다.

생각이 다르고 가치관이 다른 상대방을 어떻게 설득해야 할까? 어떻게 말해야 상대방 마음을 움직일 수 있을까?

이 질문의 대답을 영화 〈빌리 엘리어트〉에서 찾았다. 이 영화는 주인공 빌리가 자기 재능을 발견하고 그 꿈을 이루어가는 과정을 그렸다. 그러나 그 안에는 빌리의 장래에 대한 아버지와 아들의 갈등이 섞여 있다. 이 영화의 내용은 대략 이렇다.

엄마를 어렸을 때 여읜 열한 살 소년 빌리는 영국 북부의 가난한 탄광촌에서 아버지와 형 그리고 치매가 있는 할머니와 함께 살고 있다. 때는 1980년대, 철의 여인 마거릿 대처 총리가 석탄산업 합리화 정책을 밀어붙이자 탄광노조는 장기파업으로 대항했고 빌리의 아버지와 형은 이 파업에 적극적으로 가담한다.

아버지는 아들 빌리에게 가난한 탄광촌에서 벗어나려면 권투밖에 없다며 권투를 하라고 강요한다. 빌리는 아버지 강요에 못 이겨 매일 권투도장에 다니지만 권투에는 소질이 없다. 그러던 어느 날 발레강습소가 노조 사무실로 쓰이게 되면서 권투도장을 빌려 발레강습을 하는데 이걸 본 빌리는 본능적으로 춤에 이끌려 토슈즈를 신은 여학생들 뒤에서 동작을 따라 한다. 그걸 목격한 발레 선생님이 빌리에게서 발레 재능을 발견하고 권투 대신 발레를 배우게 하면서 개인지도를 한다. 또한 발레 명문학교인 로열 발레스쿨 입학을 도와주려고 한다.

하지만 갑작스럽게 권투도장에 들이닥친 아버지가 "남자가 무슨 발레냐?"며 극심하게 반대한다. 발레 선생님은 아버지를 설득하려고 하지만 말도 꺼내지 못하게 한다. 한참이 지난 어느 날 빌리는 권투도장에 찾아온 아버지 앞에서 느닷없이 춤을 추기 시작하고 그 모습을 본 아버지는 빌리에게 발레에 천부적 재능이 있음을 알게 된다. 이후 빌리 아버지와 가족은 빌리를 런던의 학교에 보내기 위해 적극적으로 지원한다. 시간이 흘러 빌리는 훌륭한 발레리노가 되어 〈백조의 호수〉 주인공이 되는데 아버지와 형이 보는 앞에서 무대에서 한 마리 백조처럼 화려한 춤을 공연하는 것으로 영화는 막을 내린다.

이 영화에서 내가 눈여겨본 것은 빌리가 아버지 마음을 움직이는 장면이다. 빌리는 아버지를 설득하려고 하지 않았다. 아니 완고한 아버지를 설득할 수 없었다. 그 대신 그가 선택한 방법은 공감하게 하는 것이었다. 말로 설득하려 하지 않고 아버지 앞에서 느닷없이 춤을

췄다. 춤을 통해 아버지를 공감하게 했더니 아버지 마음이 바뀌게 되었고 결국 아버지 행동도 바뀌게 되었다.

　사람 마음을 움직이려면 어떻게 해야 할까? 설득해야 할까? 설득하는 방법이 가장 좋은 해결책일까? 꼭 그렇지만은 않은 것 같다. 설득하는 방법이 아닌 다른 방법으로도 사람 마음을 움직일 수 있다는 것을 보여주는 영화가 〈빌리 엘리어트〉다. 설득하는 것이 아니라 공감하게 하면 사람 마음이 저절로 변하게 된다는 것이 이 영화가 우리에게 주는 메시지다.

공감설득으로 풀어라

　어떻게 말해야 사람 마음을 움직일 수 있을까? 어떻게 말해야 사람 마음에 공감이 일어나게 하고 또 그의 행동이 변하게 할 수 있을까? 이 책에서 내가 말하려는 핵심 포인트다. 이 책에서 나는 사람 마음을 움직이려면 3가지 단계가 있다고 설명한다. 사람 마음을 움직이려면, 즉 사람 마음에 공감이 일어나게 하는 공감소통을 하려면 3단계 프로세스가 있다. 나는 이것을 '3·3·3 프로세스'라고 했다.

　1단계 3초 전략으로 상대방 관심을 잡은 후 2단계 30초 전략으로 상대방 관심을 극대화해야 한다. 그리고 마지막 3단계 30분 전략에서 상대방이 듣고자 하는 구체적인 내용을 설명하라는 것이다. 그래야 내가 하려는 이야기를 상대방에게 제대로 전달할 수 있고, 궁극적

으로 상대방 마음에 공감이 일어나게 해서 상대방 마음이 내가 의도
하는 방향으로 따라올 수 있다는 것이 이 책에서 내가 말하려는 핵심
내용이다. 이 과정을 어떻게 풀어가야 할지에 대한 구체적인 방법을
제시하려고 했다.

　오늘도 사람을 상대로 하는 대인 비즈니스에서 또는 사람을 상대
로 하는 일상생활에서 상대방 마음에 공감을 일으키게 함으로써 소
통이 원활히 이루어지게 하고 마음에 변화가 일어나 내가 의도하는
방향으로 상대방이 움직이게 하고자 노력하는 분들에게 조금이나마
도움이 되었으면 하는 바람이다.

문충태

contents

1장   왜 공감설득인가

2장
3초 전략(관심 잡기)

3장
30초 전략(관심 극대화하기)

4장 `공감설득 3단계`
30분 전략(세부 내용 설명하기)

5장 # 공감설득을 위한 상담 스킬

"

1장

왜
공감설득인가

"

사람의 마음을 움직이려면 어떻게 접근해야 할까?

설득해야 할까, 공감하게 해야 할까?

사람은
자기중심적이라고?
그런 사람을 어떻게 움직이나?

사람을 움직이는 방법은
오직 하나!
스스로 움직이게 하는 것이다.

어떻게 말해야 마음을
움직일 수 있을까

칵테일파티 효과를 아는가

칵테일파티 효과(cocktail party effect)라는 것이 있다. 영화나 드라마를 보면 칵테일파티 장면이 나올 때가 있다. 칵테일파티 연회장에서 칵테일 잔을 들고 사람들이 일대일 또는 삼삼오오 어울려 대화한다. 그러다보니 주변 사람들이 웅성웅성하는 소리로 매우 소란스럽다. 앞에서 대화를 나누는 사람 이야기가 잘 들리지 않는다. 이럴 때 사람들은 어떻게 할까? 주변 소음을 최대한 걸러내고 자신이 대화하는 사람 말에만 모든 신경을 집중한다. 이것을 '칵테일파티 효과'라고 한다.

단체사진 찍었을 때를 보라. 단체사진을 받아들면 제일 먼저 확인하는 게 있다. 무엇인가? 나부터 확인한다. 내가 어디에 어떻게 있는지 확인한 뒤 다른 사람들을 본다. 먼저 자신을 확인해야 다른 사람을 볼 수 있는 여유가 생기는 것이다. 단체사진에 자기가 없으면 사진을 보려고도 하지 않는 경우가 많다. 무관심하다 못해 냉정하게 변하기까지 한다. 칵테일파티 효과 때문이다.

여기 머그컵이 한 개 있다. 정가가 5,000원이다. 이 머그컵을 사려고 할 때를 생각해보라. 얼마에 사면 잘 샀다고 생각하겠는가? 3,000원? 4,000원? 되도록 원가보다 싸게 사려고 할 것이다. 이번에는 이 머그컵을 팔 때를 생각해보자. 얼마에 팔면 잘 팔았다고 생각하겠는가? 6,000원? 7,000원? 아마 정가보다 가격을 더 받았을 때 잘 팔았다는 만족감을 느끼게 될 것이다. 자기가 어떤 상황에 놓이느냐에 따라 사람 마음이 달라진다. 사람들은 자기 이익을 중심으로 생각하고 행동하는 습성이 있다는 것을 보여주는 칵테일파티 효과의 좋은 예다.

사람과 대화하거나 상담할 때 반드시 기억해야 할 것은 사람은 누구나 자기중심적으로 움직이는 '칵테일파티 효과'가 있다는 사실이다. 사람들은 누구나 자기중심적이다. 자기 관점에서 보고, 자기중심으로 생각하고 행동한다. 자기가 처해 있는 환경에 따라 자신에게 이익이 되는 방향으로 움직인다.

스스로 움직이게 하라

이렇게 자기중심적으로 행동하는 사람들에게 어떻게 접근해야 할까? 어떤 말로 어떻게 접근해야 그들 마음을 움직일 수 있을까?

"사람을 움직이게 하는 비결은 오직 하나밖에 없다. 스스로 움직이고 싶도록 만드는 것이다." 데일 카네기가 한 말이다.

건강한 사람과 건강하지 않은 사람은 어떻게 구별할까? 건강한 사람은 밥을 스스로 떠먹는다. 그러나 건강하지 못한 사람은 밥을 자기가 스스로 떠먹지 못한다. 다른 사람이 떠먹여줘야 한다.

건강한 상담과 그렇지 못한 상담의 차이점은 무엇일까? 스스로 움직이게 하느냐, 그렇지 않느냐 하는 문제다. 건강한 상담은 내가 강제로 상대방 마음을 움직이려는 것이 아니라 상대방이 스스로 움직이게 한다. 그러나 건강하지 못한 상담은 내가 강제로 상대방 마음을 움직이게 하려고 한다.

"말을 물가로 끌고 갈 수는 있어도 물을 마시게 할 수는 없다"라고 한다. 물가까지 강제로 끌고 갈 수는 있어도 스스로 마시지 않으면 방법이 없다. 사람은 더욱 그렇다. 강제로 마음을 움직일 수 없다. 스스로 마음이 움직이게 만들어야 한다.

골목길을 지나다보면 "여기에 쓰레기 버리지 마시오"라는 안내 문구를 보게 된다. 이런 문구가 붙어 있는데도 주변에는 불법으로 버린 쓰레기가 나뒹군다. 그러자 안내 문구의 표현이 조금 거칠어진다. "양심까지 버리고 가십니까? CCTV가 보고 있습니다."

그렇다고 쓰레기를 버리지 않을까? 그럼에도 여전히 쓰레기가 나뒹군다. 이번에는 표현 강도가 더 거칠어진다. "경고, 여기에 쓰레기를 버리는 사람, 생명을 회수함. 염라대왕." 이런 문구를 붙여놓으면 지나가는 사람들이 쓰레기를 버리지 않을까? 천만의 말씀이다. 보란 듯이 쓰레기가 여기저기 버려져 있다.

그런데 여기는 그렇지 않았다. 지하철 2호선 홍대입구역에 가면 환경미화원 스티커가 붙어 있는데 주변에 쓰레기가 하나도 없다는 신문기사를 봤다. 이 기사가 정말일까 궁금해서 홍대입구로 달려갔다.

지하철 출구를 나오는데 기둥에 환경미화원 스티커가 붙어 있었다. 환경미화원이 울고 있는 스티커였다. "안 돼요, 안 돼요. 여기에 쓰레기를 버리면 제가 이렇게 울게 된답니다"라고 말하는 것 같았다.

다른 곳에서는 "1.5m 옆에 쓰레기통이 있어요"라는 문구와 함께 환경미화원이 두 손을 머리 위로 올리고 크게 X자 표시를 하고 있다.

"여기에 쓰레기를 버리면 안 돼요. 1.5m 옆에 쓰레기통이 있어요"라고 말하는 것 같았다.

버스정류장 의자 옆에는 "10m만 가면 쓰레기통이 있어요"라는 문구와 함께 환경미화원이 손가락으로 쓰레기통을 가리키는 스티커가 있다. 10m만 가면 쓰레기통이 있다는 것이다.

기적이 일어나고 있었다. 환경미화원 스티커가 붙어 있는 곳에는 쓰레기가 하나도 없었다. 정말 놀랍지 않은가? 사람들이 쓰레기를 버리려다 환경미화원 스티커를 보고 쓰레기를 근처에 있는 쓰레기통까지 가지고 가서 쓰레기통에 넣는 것이다. 환경미화원 스티커를 보면서 '아, 여기에 쓰레기를 버리면 안 되겠구나' 하는 생각을 한 것 같다.

공감하게 하라

이 환경미화원 스티커가 주는 교훈은 무엇일까? 스스로 움직이게 하는 것이다. 사람 마음은 다른 사람에 의해 강제로 움직일 수 없다. 그러므로 자기 스스로 움직이게 해야 한다. 그 방법은 무엇일까?

공감하게 하는 것이다. 설득하는 것이 아니라 공감하게 해야 스스로 움직이게 된다. 설득은 다른 사람 마음을 강제로 움직이려는 것이다. "여기에 쓰레기를 버리지 마세요. 여기에 쓰레기를 버리는 것은 양심을 버리는 것입니다"라는 안내 문구를 붙여놓은 경우가 그렇다.

그렇다고 쓰레기를 버리지 않았을까? 그러나 환경미화원 스티커는 공감하게 하는 접근 방법이었다. 사람들이 '여기에 쓰레기를 버리면 환경미화원이 힘들겠구나' 하는 생각을 하게 한 것이다. 공감하니까 스스로 움직였다.

'설득하다'라는 단어를 보라. 내가 상대방을 변화시키려고 할 때 쓰는 단어다. 반대로 상대방 입장에서는 '설득당했다'고 한다. 자기 스스로 변한 것이 아니라 상대방에 의해 강제로 변화를 요구당했다는 것이다.

그러나 '공감하다'라는 단어를 보라. 내가 스스로 동의하게 되었을 때 쓰는 단어다. 반대로 상대방 입장에서는 '공감당했다'는 표현은 쓰지 않는다. 왜냐하면 상대방이 나를 강제로 변화시킨 것이 아니라 내가 스스로 변화를 선택했기 때문이다.

"사람이 지닌 성정 가운데 가장 강한 것은 남에게 인정받기를 갈망하는 마음이다." 심리학자 윌리엄 제임스가 한 말이다. 자존감을 높여주는 방법이 사람 마음을 움직이는 데 가장 좋은 방법이라는 것이다.

사람 마음을 잘 움직이는 사람들은 자존감을 높여주는 데 명수들이다. 그들은 설득하는 방법보다 공감하게 하는 방법을 주로 사용한다. 그들을 만나는 사람들이 그들에게 약해질 수밖에 없고 쉽게 마음을 여는 이유가 여기에 있다. 사람 마음을 움직이게 하는 것은 공감하게 하는 것이다. 그러면 마음에 변화가 일어나 스스로 행동하게 된다.

설득하지 말고
공감하게 하라고?
설득하는 게
더 적극적인 방법 아닌가?

착각하지 마라.
설득보다 더 적극적인 방법이
공감하게 하는 것이다.

설득이 먼저일까,
공감이 먼저일까

무엇을 먼저 꺼내야 할까

사람의 마음을 움직이는 상담 방법에는 두 가지가 있다. 하나는 설득하는 것, 다른 하나는 공감하게 하는 것이다. 그런데 어느 방법이 사람 마음을 움직이는 데 더 효과적인지 잘 모르겠다. 그래서 선택게임을 해보려고 한다.

여기 주머니에 카드가 두 장 들어 있다. 하나는 설득이라는 글씨가 적혀 있는 검은색 카드, 다른 하나는 공감이라는 글씨가 적혀 있는 흰색 카드다. 검은색 카드는 설득하는 것, 흰색 카드는 공감하게 하는 것이라고 하자.

주머니에서 어떤 색깔 카드를 꺼내느냐에 따라 선택된 방법으로 상담을 진행한다. 검은색 카드를 꺼내면 설득하는 방법으로, 흰색 카드를 꺼내면 공감하게 하는 방법으로 상담을 진행하는 것이다. 어느 방법이 더 효과적일까?

설득의 카드를 먼저 꺼내면?

한 보험세일즈맨이 나를 찾아왔다. 세일즈를 시작한 지 2년 되었는데 세일즈 방법에 문제가 있는 것 같다며 어떻게 해야 할지 코칭해달라고 했다. 2년 동안 물불 가리지 않고 열심히 뛰어다녔는데 노력에 비해 실적이 형편없었다.

청진기를 대고 그의 활동방법을 진단한 결과 고객을 만났을 때 그가 꺼내는 첫마디에 문제가 있었다. 그는 고객을 만나면 이렇게 질문했다.

"지금은 100세 시대라고 하는데 노후 준비는 하셨어요?"

보험을 권유하려는 생각에서 던진 질문으로 설득의 카드를 먼저 꺼낸 것이다. 이 질문에 돌아오는 대답은 한결같았다.

"지금 바빠요."

"관심 없어요."

"경제적 여유가 없어요."

고객들이 그의 이야기를 듣기도 전에 이런저런 이유를 대며 거절부터 했다. 설득의 카드를 먼저 꺼냈더니 반대급부로 거절이 먼저 튀어나온 것이다.

공감의 카드를 먼저 꺼내면?

그에게 고객에게 접근하는 순서를 설득의 방법이 아니라 공감의 방법으로 바꿔보라고 조언했다. 그 한 가지 방법으로 고객을 만났을 때 던지는 첫마디부터 바꾸라고 했다.

"노후 준비는 하셨어요?"라는 질문 대신 "저도 고객님과 같은 일을 합니다"라는 말로 바꿔보라고 했다. 이 말을 한 달간 고객을 만날 때 사용해보고 한 달 후 다시 만나서 고객의 반응이 어떻게 달라졌는지 얘기하자고 했다. 한 달 뒤 그를 다시 만났을 때 그가 에피소드를 한 토막 들려주었다.

한 경찰관을 찾아갔을 때 먼저 명함을 건네면서 그에게 이렇게 말했다.

"저도 선생님과 같은 일을 합니다."

그러자 경찰관이 "예? 혹시 경찰이십니까?"라고 묻더란다. 명함에는 직장이 보험회사라고 되어 있는데 같은 일을 한다니 의아해서 묻는 말이었다.

"선생님은 경찰 일을 왜 하세요?"

"아, 그야 사회의 안녕을 위해서 하지요. 경찰은 민중의 지팡이 아닙니까?"

"저도 마찬가지입니다. 고객님의 안녕을 위해 뛰고 있습니다. 저는 고객님의 행복 지킴이 아닙니까?"

그러면서 경찰이 하는 일과 자기가 하는 일의 공통점을 다음과 같이 설명했다.

'경찰은 사명을 먹고산다. 각종 범죄로부터 국민을 안전하게 보호하는 사명 하나로 활동한다. 나도 사명을 먹고산다. 각종 위험으로부터 고객의 행복을 안전하게 보호하는 사명 하나로 활동한다.'

경찰의 급여는 국민이 준다. 국민이 안심하고 살아갈 수 있도록 지켜준 것에 대한 대가로 국민이 낸 세금으로 경찰에게 급여를 준다. 보험회사 직원도 마찬가지로 고객이 행복하게 살아갈 수 있도록 지켜준 것에 대한 대가로 고객이 수수료로 급여를 준다.

"아, 그러시군요. 그런 면에서 우리는 공통점이 있네요."

이런 대화를 나누면서 자연스럽게 보험 이야기로 넘어갈 수 있었다고 했다.

의사를 만났을 때도, 직장인을 만났을 때도, 소방관을 만났을 때도, 가정주부를 만났을 때도 '저도 같은 일을 합니다'라는 말로 시작했더니 그동안 수없이 당했던 거절이 온데간데없이 사라졌다고 했다. 설득카드를 먼저 꺼내는 것이 아니라 공감카드를 먼저 꺼냈더니 고객의 반응이 180도 달라졌다는 것이다.

한 강의장에서 사람 마음을 움직이려면 설득하려 덤비지 말고 공감하게 해야 한다고 침을 튀겨가며 강조했더니 한 사람이 쉬는 시간에 내게 와서 이런 질문을 했다.

"공감하게 하는 것보다 설득하는 것이 더 쉽지 않나요? 설득하는 것이 적극적이잖아요. 공감하게 하는 것은 소극적인 방법 같은데요."

그래서 그에게 한 가지 제안을 했다.

"저기 뒤에 벽시계 보이시죠? 그 벽시계에 가서 똑같은 질문을 해보십시오. 그러면 벽시계가 그 질문에 대한 답을 줄 겁니다."

그가 벽시계 앞에 가서 한참 서 있더니 다시 내게로 왔다.

"벽시계가 뭐라고 하던가요?"

"아무 얘기도 않던데요."

"아니, 벽시계로부터 무슨 소리를 듣지 못하셨어요?"

"글쎄요. 차칵차칵하는 소리밖에 안 나던데요."

"맞아요. 벽시계가 정답을 말해줬네요. 착각하지 말라는 겁니다."

그러자 그는 피식 웃었다.

사람과 관계에서 많은 사람이 착각하는 고정관념이 하나 있다. 사람 마음을 움직이려면 적극적으로 설득해야 한다는 것이다. 그래서 설득하는 데 많은 에너지를 쏟는다.

그러나 나는 설득하려 하지 말라고 강조한다. 그 대신 공감하게 하는 데 모든 에너지를 집중하라고 한다. 설득하려고 하면 돌아오는 결과가 신통치 않지만 공감하게 하면 돌아오는 결과가 상상을 초월하기 때문이다.

왜 그럴까? 그 원인은 공감설득이라는 단어에 있다. '공감설득'이라는 단어를 가만히 들여다보라. '공감 + 설득'이라는 두 단어가 합쳐져 만들어진 말이다. 글자 순서를 보면 공감이 앞에 있고 설득이 뒤에 있다. 이 말은 공감이 먼저요, 설득은 그다음이라는 뜻이 아닐까. 공감하게 하면 설득은 저절로 따라온다는 말이다.

공감하면 사람은 90%가 바뀐다

사람 마음을 움직이는 데 왜 공감설득이 중요할까? 이 질문에 대한 대답은 다음 한마디면 충분하다.

"마음의 문을 여는 손잡이는 안쪽에만 있다."

이는 철학자 헤겔이 한 말이다. 설득은 밖에서 문을 여는 것, 공감은 안에서 문을 여는 것이다. 설득은 밖에서 강제로 문을 열어 상대방이 밖으로 나오게 하는 것이고 공감은 안에서 스스로 문을 열고 나오게 하는 것이다. 어느 방법이 쉽겠는가? 어느 방법이 에너지가 적게 들겠는가?

사람 마음을 움직이는 가장 좋은 방법은 공감하게 하는 것이다. 사람들로 하여금 스스로 움직이고 싶도록 만드는 방법이 공감설득이다. 공감하게 하면 사람은 90%가 바뀐다.

설득과 공감은
접근방법이 다르다?
어떻게?

설득은
머리로 접근하는 것,
공감은
가슴으로 접근하는 것이다.

머리로 접근할 것인가,
가슴으로 접근할 것인가

> **추억 여행을 떠나보자**

　타임머신을 타고 초등학교 시절로 돌아가보자. 초등학교 4학년 때인가, 5학년 때인가 과학 시간에 막대자석으로 실험하는 수업이 있었다. 막대자석 두 개를 서로 가까이했을 때 어떤 결과가 나오는지 관찰했는데 그 결과를 지금도 생생히 기억한다.

　먼저 막대자석 두 개로 마이너스(−)극과 마이너스(−)극을 가까이했다. 결과는? 막대자석 두 개가 서로 밀어냈다. 다음으로 막대자석의 마이너스(−)극에 다른 막대자석의 플러스(+)극을 가까이 가져가니 서로 딸까닥 달라붙었다.

　막대자석 실험에서 우리는 무엇을 알 수 있을까? 칵테일파티 효과에서 말했듯이 사람들은 누구나 자기중심적이다. 자기중심적으로 생각하고 말하고 행동한다. 마치 막대자석의 마이너스극 같다. 마이너스극인 사람, 즉 자기중심적인 상대에게 어떻게 접근해야 그의 마음을 움직일 수 있을까?

기적이 일어났다

학교 근처 건물의 지하실에 월세로 공간을 얻어 조그마한 교회를 개척한 한 목사의 체험담이다. 언제부터인가 지하 예배당 입구 계단에 아침저녁으로 침이 하얗게 깔려 있고 담배꽁초가 수북이 쌓였다.

목사는 이상하다 싶어 숨어서 지켜보았다. 근처 여자고등학교 여학생들의 소행이었다. 등하굣길에 여학생들이 계단 후미진 곳에서 담배를 피우고 가는 것이었다. 목사는 야단을 치려다가 '이게 아니다' 싶은 생각이 들어 멈칫했다. 그래서 접근 방법을 바꾸기로 했다.

목사는 아무 말 없이 여학생들 몰래 담배꽁초를 치웠다. 그런데 정말 어려운 것은 여학생들이 담배를 피우면서 뱉어놓은 침을 닦는 일이었다. '침을 어떻게 이렇게 뱉을 수 있을까?' 할 정도로 바닥에 침이 하얗게 깔려 있었다.

다음 날 목사는 귤을 한 박스 사서 예쁜 접시에 담아 내놓고 옆에다 재떨이 대용으로 커다란 스테인리스 그릇에 물을 잔잔하게 부어놓았다. 그리고 그 옆에 이런 글을 써서 붙여놓았다.

"여러분, 환영합니다. 이 계단에 온 분들은 이미 우리 교회 식구들입니다. 편히 쉬었다 가십시오. 이 귤도 여러분 것입니다. 먹고 남은 것은 가져가셔서 친구들과 나눠드세요. 감사합니다."

목사는 매일 과일이나 사탕 등을 계단에 놓아두고 정성스럽게 글도 바꾸어 써서 붙였다.

"공부하느라 고생이 많죠? 시험 잘 보세요!"

"고생 끝에 낙!"

"오늘은 무척 춥죠. 교회 문 열어놓았으니 커피나 컵라면을 가스레인지 사용해서 마음껏…."

"친구에게도 전달, 같이 먹기…."

목사는 '담배 끊어라', '침 뱉지 마라', '교회 나와라' 같은 말은 한마디도 하지 않았다. 그 대신 짧은 메시지 끝에 '하나님의 사랑하는 딸들!', '기말시험에 좋은 성적 내시기를…' 식의 격려 메모만 적어놓았다.

그때마다 여학생들은 "목사님 감사!", "목사님 짱!", "열심히 공부할게요" 등을 써놓고 갔다. 그뿐만 아니라 여학생들이 담배는 재떨이에, 침은 휴지에 싸서 휴지통에 넣고 계단도 목사가 치우는 것보다 더 깨끗하게 치우고 갔다.

여학생들은 이미 목사와 친구가 되어 있었다. 여학생들이 졸업하기 전 고맙다고 인사하러 왔는데 항공사나 백화점에 취업했다거나 진학했다는 등 자기 신상을 일일이 알려주고 갔다. 몇 년 후 그들 중 한 사람에게서 전해들은 이야기로는 그때 그 친구들이 모두 가까운 교회에 나가 신앙생활을 열심히 하고 있다고 했다.(출처: 갓앤톡)

설득은 머리로 접근하는 방법이다

자기중심으로 생각하고 행동하는 사람에게 마이너스(-)로 접근하면 어떻게 되겠는가? 설득하겠다고 머리로 접근하면 결과가 어떻게 되겠느냐는 말이다. 막대자석에서 마이너스와 마이너스가 서로 밀어내듯이 관계가 멀어지게 될 것이다.

그렇기에 자기중심적인 사람에게 머리로 접근하는 설득 방법을 사용하면 마음이 움직이는 것이 아니라 차갑게 변하게 된다. 결과가 좋지 않다는 말이다. 그 이유는 머리의 특징을 보면 쉽게 이해하게 된다.

머리는 냉정하다.

머리는 계산적이다.

머리는 자기중심적이다.

머리는 주는 것보다 받는 것을 더 좋아한다.

사람 마음을 움직이려면 머리로 접근하지 말아야 하는 이유가 여기에 있다. 설득하려고 덤비지 말아야 하는 이유가 여기에 있다.

'설득'이라는 단어를 보라. 그 안에는 변화라는 의미가 들어 있다. 상대방을 변화시키는 것이 설득이다. 다른 방향으로 가는 상대방을 내가 원하는 방향으로 움직이게 하려는 것이 설득이다. 상대방이 스스로 변하게 하는 것이 아니라 내 쪽으로 강제로 변하게 하는 것이 설득이라는 말에 들어 있다.

설득은 웬만한 강력한 권위와 논리가 아니면 상대방을 굴복(?)시킬 수 없다. 아무리 옳은 이야기라도 논리적으로 굴복을 요구하면 상대방은 저항하게 되어 있다. "그래, 당신 말이 다 맞다. 그래서 어떻게 하라고?" 하는 식으로 말이다. 설득에는 에너지가 많이 필요하다. 그래서 설득이 힘든 것이다.

공감은 가슴으로 접근하는 방법이다

사람 마음을 움직이려면 머리가 아니라 가슴으로 접근해야 한다. 자기중심적이어서 마이너스(−)극인 상대에게 플러스(+)극으로 접근해야 두 막대자석이 딸까닥 달라붙듯이 가슴으로 접근하는 공감으로 접근해야 마음이 쉽게 움직인다. 가슴에는 다음과 같은 특징이 있기 때문이다.

가슴은 안아주려 한다.

가슴은 함께 가려 한다.

가슴은 나 중심이 아니라 상대방 중심이다.

가슴은 받으려고 하기보다는 주려고 한다.

사람 마음을 움직이려면 가슴으로 접근해야 하는 이유가 여기에 있다. 사람을 대상으로 하는 상담은 설득이 아니라 공감하게 해야 하는 이유가 여기에 있다.

'공감'이라는 단어를 보라. 그 안에는 스스로 변화한다는 의미가 들어 있다. 밖에서 시작되는 인위적 변화가 아니라 내부에서부터 자발적인 변화가 일어난다는 의미가 들어 있다.

왜 우리는 드라마를 보면서 기뻐하거나 분노를 표출하는가? 드라마 주인공 처지에서 감정이입하기 때문이다. 감정이입은 '함께 느끼는 것'이다. 이미 함께 느끼는 공감이 일어나면 설득은 더 필요하지 않게 된다. 사람은 공감하게 하면 쉽게 변한다. 스스로 변하기 때문이다. 그러기에 공감이 설득보다 에너지가 적게 들어간다.

정리하면 한 가지 분명해진 사실이 있다. '설득'과 '공감'에는 공통점이 있다. 둘 다 '변화'를 추구한다는 것이다. 사람의 마음을 변하게 하려는 것이다. 그러나 접근하는 방법이 다르다. 설득은 외부에서 사람의 마음을 움직이려는 것이요, 공감은 내부에서 자기 스스로 마음이 움직이게 하는 것이다. 결론은 머리로 접근하는 설득 방법보다는 가슴으로 접근하는 공감하게 하는 방법이 사람 마음을 움직이는 데 더 효과적일 뿐만 아니라 에너지가 적게 든다는 사실이다.

공감설득,
열심히 적극적으로
설명하면 되는 것 아닌가?

아니다.
말에도 효용성이 있다.
단계별로 풀어가야 한다.

공감설득에는
프로세스가 있다

'끝장병'을 버려야 한다

사람을 상대로 하는 일에서 경계해야 할 것 중 하나가 '끝장병'이다. 대인 비즈니스에서 암적인 요소 중 하나가 '끝장병'이다. 암에 걸리면 치명적이다. 치료를 받는 데 많은 돈이 필요하고 또 치료받는다 하더라도 후유증이 심할 뿐만 아니라 진행 상황에 따라 죽을 확률도 무척 높다. 마찬가지로 사람을 상대로 하는 상담에서 끝장병에 걸리면 치명적이다. 서로의 관계에서 치명적인 결과를 가져온다.

도대체 끝장병이 무엇이기에 이럴까? 끝장병은 한번에 모든 것을 끝내려는 증상이다. 한 번 설명으로 상대방 마음을 변화시키고 말겠다고 덤비는 증상이다.

끝장병의 원인에는 '빨리빨리 조급증'이 자리 잡고 있다. 우울증의 뿌리에는 스트레스가 자리 잡고 있듯이 끝장병의 뿌리에는 빨리빨리 조급증이 자리 잡고 있다. 설득이 공감보다 효과가 적은 이유가 바로 끝장병 때문이다. 사람 마음을 움직이려고 한다면 끝장병부터 치료받아야 한다.

단계별 최면 테크닉이 필요하다

사람 마음을 움직이고자 한다면 '단계별 최면 테크닉'이 필요하다. 단계별 최면 테크닉은 먼저 긍정적인 분위기로 상대방의 관심을 최고조로 높여 일종의 최면 상태로 만든 다음 본격적으로 상담하는 기법을 말한다.

예를 들어 어떤 신제품을 판매하는 경우 처음부터 상품 구매를 권유하지 않는다. 먼저 이메일, 문자메시지 등으로 '당첨을 축하합니다'와 같은 이슈를 제시하여 행사장까지 찾아오게 한다. 행사장에 찾아온 고객에게는 긍정적인 분위기를 조성하여 상품에 관심을 갖게 하고 궁극적으로 고객에게 스스로 지갑을 열게 하는 테크닉이다.

공감설득은 단계별 최면 테크닉을 응용한 것이다. 처음부터 설득하겠다고 덤비는 것이 아니라 상대방의 관심을 유인하고, 그 관심을 극대화해서 상대방의 고민이나 문제를 해결해주며 '예스'를 받아내는 상담기법이다.

텔레비전 뉴스를 보다보면 이런 장면이 나온다. 정치인이나 기업가 또는 유명 연예인 등이 사회적 문제를 일으켜 검찰에 출두할 때 검찰청 입구에 기자들이 밤새 진을 치고 기다린다.

문제의 사람이 검찰청에 도착하면 대기하고 있던 기자들이 벌떼처럼 몰려들어 카메라 플래시를 터뜨린다. 그리고 그에게 마이크와 녹음기를 들이대고 질문 공세를 한다. "어떻게 된 겁니까? 한 말씀 해주십시오." 그러면 대부분 사람들은 고개만 숙이고 아무 말 없이 검찰청 안으로 들어간다.

하지만 기자들은 그렇게 놔두질 않는다. 계속되는 질문 공세에 말 없이 검찰청 안으로 들어가던 사람의 발걸음이 포토라인 앞에서 멈춘다. 그리고 닫혀 있던 입을 열어 "물의를 일으켜 죄송합니다"라고 한마디 한다. 1단계 작전 성공이다. 일단 발걸음을 멈추게 하고 입을 열게 했으니⋯.

그다음 기자들이 질문을 계속하면 출두하던 사람이 한마디를 더한다. "검찰의 조사에 성실하게 임하겠습니다." 그리고 나서 기자들은 시간과 여건이 될 때 그 사람과 인터뷰 시간을 잡는다.

나는 이것을 '3·3·3 프로세스'라고 한다. 말없이 검찰청에 출두하던 사람을 포토라인에 멈춰 서게 하고 한마디를 하게 하는 것이 3초 전략이다. 일단 입을 열게 한 것이다. 그리고 나서 계속되는 기자들의 질문 공세에 한마디를 더하게 하는 것이 30초 전략이다. 처음 입이 열린 뒤 계속 말하게 하는 것이다. 그리고 적절한 때에 인터뷰를 하는 것이 30분 전략이다.

사람 마음을 움직이는 공감설득 방법을 활용하려면 기자들이 사용하는 단계별 프로세스를 벤치마킹할 필요가 있다. 검찰청에 출두하는 사람이 아무 말도 하지 않고 지나가려는데 그를 포토라인에 멈춰 서게 하고 입을 열어 한마디를 하게 한 점에 주목해야 한다.

내가 대화하려는 상대방은 내가 하려는 말에 관심이 없다. 그런 사람에게 내가 하는 첫마디에 '어?' 하고 관심을 갖게 하는 것이 중요하다. 검찰청에 출두하는 사람의 발걸음을 멈추게 한 것처럼 내가 상담하는 사람의 무관심을 멈추게 하고 호기심이 생기게 하는 것이다. 나는 이것을 3초 전략이라고 한다.

아무 관심도 없는 사람에게 관심을 잡는 한마디를 던질 줄 알아야 한다. 강한 호기심을 유발하는 한마디를 던지는 것이 3초 전략이다.

상대방의 관심이 잡혔어도 곧바로 본론으로 들어가면 안 된다. 상대방 관심을 극대화하는 작업이 필요하다. 상대방이 고민하는 것, 풀어야 할 문제 등에 관한 관심을 극대화해서 그 해결 방법에 궁금증을 갖게 해야 한다. 나는 이것을 30초 전략이라고 한다.

이렇게 상대방의 관심이 극대화되면 자연스럽게 그 해결 방법을 찾고자 한다. 그 해결 방법을 구체적으로 설명하는 단계가 30분 전략이다. 내가 궁극적으로 추구하는 단계가 바로 30분 전략이다. 이 30분 전략에서 상대방이 해결해야 할 문제에 대해 구체적으로 설명하기 위함이 상담의 최종 목적이다.

그러나 사람들에게는 자기중심적으로 생각하는 '칵테일파티 효과'가 있기 때문에 처음부터 구체적인 해결책을 설명하면 사람들은 내 말을 들으려고 하지 않는다. 그래서 3초 전략으로 상대방 관심을 잡고, 30초 전략에서 상대방 관심을 극대화한 후 30분 전략에서 구체적인 해결책을 제시하는 프로세스로 풀어가는 과정이 필요한 것이다.

말에도 효용성이 있다

우리가 자주 사용하는 속담들이 있다. 내가 하려는 말을 은유적으로 표현하려고 쓰는 것이 바로 속담이다. '첫술에 배부르랴', '하룻강아지 범 무서운 줄 모른다', '세 살 버릇 여든까지 간다' 등이 대표적인 예다.

여기서 한 가지 게임을 해보자. 말과 관련된 속담에는 어떤 것들이 있을까? 30초 안에 말과 관련된 속담을 세 가지 이상 찾아보자.

자, 그만! 여러분이 찾은 말에 관련된 속담을 정리해보자. 어떤 것들이 있었는가?

1. 아 다르고 어 다르다.

2. 말 한마디에 천 냥 빚 갚는다.

3. 발 없는 말이 천리 간다.

4. 가는 말이 고와야 오는 말이 곱다.

5. 낮 말은 새가 듣고 밤 말은 쥐가 듣는다.

6. 담벼락하고 말하는 셈이다.

7. 내가 할 말을 사돈이 한다.

8. 말 많은 집은 장맛도 쓰다.

9. 입은 삐뚤어져도 말은 바로 해라.

10. 호랑이도 제 말하면 온다.

말에 관련된 속담 중에서 '말 한마디에 천 냥 빚 갚는다', '아 다르고 어 다르다'라는 두 속담을 보라. 이 속담을 언제 사용하는가? 어떤 의미를 전달하고자 할 때 이 속담을 사용하는가? 말에도 효용성이 있다는 것을 말하고자 할 때 이 속담을 사용한다. 즉 말을 어떻게 하느냐에 따라 그 효용성이 다르다는 말이다.

공감설득에서는 어떻게 접근해야 말의 효용성을 극대화하느냐가 관건이다. 어떻게 말해야 말을 효과적으로 할 수 있을까? 어떻게 말해야 상대방이 쉽게 공감할 수 있을까? 그 방법의 하나로 기자들이 쓰는 단계별 접근 방법에서 벤치마킹한 '3단계 프로세스'가 필요하다고 하겠다.

3단계 프로세스가

있다고?

그게 뭔데?

3·3·3 프로세스는

3초 전략, 30초 전략,

30분 전략이다.

공감설득은
3단계 프로세스로 푼다

나도 모르게 '유레카'를 외쳤다

부력의 원리를 발견한 아르키메데스는 목욕탕에서 '유레카(찾았다)'를 외쳤다고 한다. 왕이 금으로 왕관을 만들었다. 그런데 얼마 후 이 왕관이 순금으로 만들어진 것이 아니라는 소문이 돌았다. 그래서 왕은 아르키메데스에게 왕관을 순금으로 만들었는지 아니면 은을 섞어서 만들었는지 알아오라고 했다.

'이 숙제를 어떻게 풀어야 하나?' 날마다 고민하던 아르키메데스는 어느 날 목욕탕에 들어갔을 때 목욕탕 안의 물이 넘쳐흐르는 것을 보자 부력의 원리가 생각났다. 그래서 '유레카'를 외치며 탕 밖으로 뛰쳐나왔다고 한다.

어느 날 저녁 뉴스를 보다가 '유레카'를 외쳤다. 공감설득 3단계 프로세스를 구체적으로 적용한 사례를 찾느라 몇날 며칠 고민하던 터였다. 그러다 9시 뉴스에 방탄소년단(BTS)을 세계적으로 인기 있는 글로벌 그룹으로 만든 방시혁 대표의 서울대학교 졸업식 축사 뉴스를 접하게 되었다.

그의 축사를 보면서 나도 모르게 "바로 이거다!"라고 소리 질렀다. 그는 졸업식 축사를 공감설득 3단계 프로세스로 풀어갔고 많은 사람으로 하여금 뜨거운 공감과 함께 센세이션을 불러일으켰다. 그의 축사 전문을 입수해 왜 그의 축사에 사람들이 그렇게 뜨거운 반응을 보이고 공감을 하게 되었는지 분석해봤다.

졸업식 축사를 3단계 프로세스로 풀었다

1단계: 3초 전략(관심 잡기)
호기심을 자극하는 한마디로 상대방의 관심을 잡아라.

'꼰대 같은 얘기는 안 하겠다.'

졸업식 축사 하면 딱딱한 훈계 중심 연설일 거라는 것이 일반적인 생각이다. 그래서 졸업식에 참석한 졸업생들은 연사가 축사를 하는

48_

동안 그의 이야기에 집중하기보다는 딴짓을 많이 한다. 그러나 방 대표는 축사를 이렇게 시작했다.

"저는 부정할 수 없는 기성세대입니다. 그러다보니 저도 모르게 '꼰대 같은 이야기'를 하는 건 아닐까 우려스러웠습니다. 오늘은 '꼰대'스러움에 대한 걱정은 내려놓고 최대한 솔직히 제 이야기를 해보려 합니다."

이 한마디에 졸업식에 참석한 사람들의 관심이 집중되었다. '꼰대 얘기가 아니면 무슨 얘기를 한다는 거야?' 하는 호기심이 생긴 것이다. 그래서 딴짓을 멈추고 그의 말에 귀를 기울이게 되었다.

3초 전략이다. 호기심을 자극하는 한마디로 상대방 관심을 순간적으로 잡는 3초 전략이다. 꼰대 같은 이야기를 할 거라고 예상하던 사람들의 허를 찌르는 한마디로 시작한 것이다. 내가 이야기의 주도권을 잡고 졸업생들 관심을 나의 의도대로 따라오게 하려는 고도로 계산된 한마디였다.

2단계: 30초 전략(관심 극대화하기)
상대방 관심을 극대화하는 스토리를 활용하라.

'오늘의 나를 만든 건 분노였다.'

"저는 꿈은 없지만 불만은 엄청 많은 사람입니다. 이게 저를 가장 잘 설명하는 말 같습니다"라는 말과 함께 그는 성공 스토리를 꺼내 들었다. 30초 전략이다. 3초 전략으로 상대방 관심을 잡은 후 스토리로 상대방 관심을 극대화하는 30초 전략이다.

"어쩌다 제가 음악프로듀서가 되었을까요? 사실 기억이 잘 안 납니다. 많은 분이 서울대생이 음악을 직업으로 삼기까지는 대단한 에피소드나 상당한 결단이 있을 거라고 추측하시는데 아무리 돌이켜봐도 그런 결정적인 순간은 없었습니다. 그냥 흘러가다보니 어느새 음악을 하고 있었다는 것이 가장 적절한 표현 같습니다. 정말 허무하죠?"

그는 자신을 '불만 많은 사람'이라고 했다. 오늘의 그가 있기까지 되돌아보면 분명하게 떠오르는 이미지는 '불만 많은 사람'이라는 것이다. 세상에는 타협이 너무 많다. 분명 더 잘할 방법이 있는데도 사람들은 튀기 싫어서, 일을 만드는 게 껄끄러워서, 주변 사람들에게 폐 끼치는 게 싫어서, 원래 그렇게 했으니까 등 갖가지 이유로 입을 다물고 현실에 안주하는데 그는 태생적으로 그걸 하지 못하겠다고 했다. 이런 상황에 불만을 제기하게 되고 개선되지 않으면 분노로까지 변하게 된다고 했다.

그는 최선이 아닌 차선을 택하는 '무사안일'에 분노했고, 더 완벽한 콘텐츠를 만들 수 있는데 여러 상황을 핑계로 적당한 선에서 끝내려는 관습과 관행에 화를 냈다. 그래서 그는 늘 분노하게 되어 이런 문제들과 싸워왔고 아직도 현재 진행형이라고 했다. 그에게는 특별한 꿈 대신 분노가 있었다. 납득할 수 없는 현실, 나를 불행하게 하는 상황과 싸우고 화를 내고 분노하며 여기까지 왔다.

3단계: 30분 전략(세부 내용 설명하기)
문제를 해결하기 위한 구체적인 해법을 제시하라.

'부조리에 분노하라.'

이 단계에서 그의 이야기는 클라이맥스에 접어들었다. 졸업생들의 관심이 분노라는 것에 극대화되었을 때 그 분노를 앞으로 어떻게 해야 할지 구체적으로 설명하는 단계에 이른 것이다.

3초 전략으로 졸업생의 관심을 잡는 한마디를 던졌고, 30초 전략으로 분노에 대한 관심을 극대화했다. 이제 30분 전략으로 분노에 대처하는 세부 내용을 설명하는 것이다. 그가 말하려는 궁극적인 내용을 설명하는 단계다.

그는 앞으로 주어진 상황에서 납득할 수 없는 문제를 개선해나가는 데 주력하겠다고 했다. 그러면서 졸업생들에게 이렇게 부조리에 분노했으면 좋겠다고 말했다.

"자신이 정의하지 않고 남이 만들어놓은 행복을 추구하려 정진하지 마십시오. 오히려 그 시간에 소소한 일상의 한순간 한순간에 최선을 다하기 위해서 노력하십시오. 무엇이 여러분을 진짜로 행복하게 하는지 고민하십시오. 선택의 순간이 왔을 때 남이 정해준 여러 가지 기준을 쫓지 않고, 일관된 본인의 기준에 따라서 답을 찾을 수 있도록 미리 준비하십시오. 본인이 행복한 상황을 정의하고, 이를 방해하는 것들을 제거하고, 끊임없이 이를 추구하는 과정 속에서 행복이 찾아올 것입니다. 그렇게 하다보면 반복이 습관이 되고, 습관은 소명이 되어 여러분의 앞길을 끌어주리라 생각합니다."

그러면서 그는 축사를 이렇게 마무리했다.

"개인적으로 저는 제 묘비에 '불만이 많은 방시혁, 행복하게 살다 좋은 사람으로 축복받으며 눈감음'이라고 적히면 좋겠습니다."

'3단계 프로세스'를 전략적으로 활용하라

졸업 축사를 풀어가는 과정을 보라. 먼저 어떤 말로 졸업 축사를 시작할지 고민했다. 졸업생들은 분명히 축사에는 관심이 없고 딴짓을 할 것이다. 그런 졸업생들이 내 얘기에 호기심을 갖게 하려면 어떤 말로 시작해야 할까? 그래서 "꼰대 같은 얘기 안 하겠다"는 말로 졸업 축사를 시작했다. 성공이었다. 딴짓을 하던 졸업생들이 그의 졸업 축사에 관심을 갖기 시작했다.

그다음에는 어떻게 해야 할까? 곧바로 내가 하고자 하는 이야기로 들어가야 할까? 아니다. 졸업생들의 관심을 극대화하는 단계가 하나 더 있는 게 좋겠다고 생각했다. 그래서 "오늘의 나를 만든 것은 분노였다"라는 이슈와 함께 자신의 성공 스토리를 제시했다. 예상대로 졸업생의 관심이 극대화되었다. 모두 숨죽이고 그의 이야기에 집중했다. 그리고 마지막 단계에서 "부조리에 분노하라"라는 주제로 구체적으로 부조리에 분노하는 방법과 함께 자기 행복을 만들어가는 방법을 소개했다.

공감설득에서 3단계 프로세스를 전략적으로 활용할 필요가 있다. 다짜고짜 상대방을 설득하려 덤비는 것이 아니라 상대방이 내가 하는 이야기에 공감할 수 있도록 3단계 프로세스로 접근하는 것이 효과적이다.

1단계로 상대방의 관심을 잡아라. 2단계로 상대방의 관심을 극대화하라. 마지막 3단계로 상대방이 궁금해하는 해법을 제시하라. 즉 구체적인 세부사항을 설명하는 것이다.

대박식당의 비밀이
'공감설득'에 있다고?
정말?

김치찌개 전문점
'백채'에 가면
공감설득 방법이 보인다.

대박식당의 비밀은
3·3·3 전략에 있다

대박식당에는 비밀이 있다

'인구론'(인문계 졸업생의 90%는 논다), '돌취생'(입사 후 취업준비생으로 돌아온 사람)이라는 신조어가 있다. 청년들의 암울한 현실을 보여주는 대표적인 말이다. 이런 현실에서 두 청년이 의기투합해 식당을 창업해서 대박을 터뜨렸다. 그것도 흔하디흔한 김치찌개 식당으로 말이다.

매일 집에서 먹는 김치찌개를 밖에서까지 먹어야 하느냐면서 점심메뉴에서 제외하는 사람이 있다. 나도 그중 한 사람이었다. 하지만 김치찌개 식당이라도 어떻게 접근하느냐에 따라 그냥 그런 평범한 김치찌개집이 되느냐 아니면 자꾸자꾸 찾아가고 싶은 대박 김치찌개집이 되느냐가 결정된다.

김치찌개 전문점 '백채'가 있다. 내게 집에서 맛있게 먹던 김치찌개를 밖에서까지 점심 메뉴로 즐겨 찾게 만들어준 식당이다. 이 식당에 가면 내가 지금 이 책에서 강조하는 사람 마음을 움직이는 공감설득의 비밀이 있다. 나는 이 식당이 대박식당이 된 비결은 바로 '3·3·3 프로세스' 덕분이었다고 주장한다.

3초 전략으로 고객의 관심을 잡았다

친한 친구와 함께 점심 메뉴를 찾던 중 '김치찌개'라는 간판이 눈에 들어왔다. 순간 주춤했다. '에이, 무슨 김치찌개?' 하고 그냥 지나가느냐 아니면 '오늘 점심은 김치찌개?' 하는 짧은 갈등이 스쳐지나간 것이다. 식당 문을 열고 들어가 자리를 잡았다. 자리에 앉자마자 문구 하나가 눈길을 잡았다.

"고기를 아끼면 우리는 죽는다."

이 문구를 보는 순간 '어?' 하는 생각이 들었다. 3초 전략이다. 식당에 들어설 때 고객의 관심을 잡는 한마디다. 이 문구를 보자마자 이 식당은 고기를 많이 주나보다 하는 생각을 하게 되었다. 고기를 얼마나 많이 주나보자 하는 기대감도 생겼다.

또 하나 내 관심을 잡는 포스터가 있었다. '100% 국내산 냉장 생고기'라는 문구가 적힌 포스터였다. 뭐니 뭐니 해도 김치찌개는 고기가 많이 들어가야 한다. 특히 냉동실에서 꽁꽁 얼린 고기가 아니라 냉장실에서 숙성시킨 생고기가 들어가야 김치찌개가 맛있다.

종업원이 테이블에 김치찌개를 세팅하면서 집게와 가위를 함께 주었다. 김치찌개가 끓기 시작하면 집게와 가위로 고기를 먹기 좋은 크기로 잘라 먹으라는 설명을 덧붙였다.

호기심에 찌개가 끓기도 전에 집게로 고기를 집어 들었다. 고기의 양과 두께가 장난이 아니었다. 내 손바닥만 한 고깃덩어리에 반했다. 큼지막한 고기가 두 덩어리나 들어 있었다. 두 사람이니까 두 덩어리를 넣어준 것 같았다.

찌개가 끓기 시작하자 고기를 잘라서 먹는데 냄비바닥에서 자꾸자꾸 고기가 나왔다. 마치 냄비바닥에 샘물 구멍이 있는 것 같았다. 아니 고기 구멍이라 해야 하나? 고기가 나오고 또 나오는 진기한 경험을 하게 되었다.

이 식당이 대박 난 비결은 첫째, 3초 전략이다. 즉 '고기를 아끼면 우리는 죽는다'는 슬로건이다. 식당에 들어오자마자 고객들이 누구나 볼 수 있는 가장 좋은 위치에 이 글을 게시해놓았다. 이 한마디가 이 식당을 다른 평범한 김치찌개집과 달리 자꾸자꾸 찾아오게 하는 대박 김치찌개 식당으로 차별화하는 요인이다.

이 식당에는 '고기를 아끼면 우리는 죽는다. 오직 김치찌개 하나만 정성으로 만든다'라는 콘셉트가 있었다. 공감하는 콘셉트 한마디가 마치 진공청소기처럼 고객들의 관심을 쭉 빨아들였다.

30초 전략으로 관심을 극대화했다

이 식당의 두 번째 대박 비결은 30초 전략이다. 이 식당에는 고객의 관심을 극대화하는 스토리가 두 가지 있다. 첫 번째는 식당을 경영하는 CEO에 대한 스토리다. '백채 김치찌개'라는 식당 간판을 보고 이 식당을 요식업의 전설인 백○○ 씨가 만든 김치찌개 전문점이라고 생각하는 사람이 많다.

그러나 이 식당은 그와는 아무런 상관이 없다. 두 젊은이가 의기투합해서 만든 식당이다. 첫 번째 CEO 관련 스토리를 백채 김치찌개 홈페이지에서 가져왔다.

한 명은 자산관리사였고, 또 한 명은 막 전역한 장교 출신이었습니다.

둘은 친구였습니다.

처음에는 막막했고, 망하면 어쩌나 걱정도 했습니다.

하고 싶다는 생각만으로 상권조사와 인테리어 공사 등을 하나하나 직접 했습니다.

천장을 철거하다 쥐똥을 뒤집어쓰고,

인터넷 보며 연결한 수도 파이프에서 물이 샜습니다.

페인트는 세 번이나 다시 칠했고,

물집 잡혀가며 한겨울에 시트지를 뗐습니다.

손님이 없어 다른 집을 염탐하기도 하고,

주문이 밀려 설익은 밥이 나가기도 했습니다.

그렇게 시행착오를 거치며 창업과 가게 운영 노하우를 쌓아갔습니다.

경쟁업체가 어떤 일을 하는지 신경 쓰지 않습니다.

우리는 '오직 스스로의 정직함과 경쟁'할 뿐입니다.

지금 식당을 경영하는 CEO는 누구인지, 처음 식당을 시작하게 된 동기와 그 당시 이들이 어떻게 고생했는지를 생생하게 들려주는 스토리다. 청년들에게 응원의 박수를 보내고 싶도록 공감이 팍 오는 스토리다.

두 번째 스토리는 식당에 걸린 포스터에 있다. 식당 벽면에 이런 포스터가 붙어 있다. 김치찌개에 들어가는 고기 이야기다. 과정별로 하나하나 그림과 함께 설명이 곁들여져 있다.

백채's 고기 이야기

백채는 100% 브랜드 냉장육을 직접 작업해서

대형 물류업체를 통해 배송합니다.

농장에서 테이블까지 철저하게 고기관리를 하고 있습니다.

하지만 돼지고기도 생물이기 때문에 특유의 돼지 냄새가 날 수 있습니다.

불쾌하셨다면 그냥 넘어가지 마시고 꼭 말씀 부탁드립니다.

고객님의 소중한 식사시간을 지켜드리겠습니다.

그리고 그 옆에 나란히 걸려 있는 액자에는 이런 글들이 적혀 있다. "백채는 김치찌개의 기본재료인 배추의 한자어입니다. '기본을 잊은 자에게 미래는 없다'는 일념으로, 항상 기본과 원칙을 지키는 김치찌개를 끓이겠습니다." "식사는 때우는 게 아니라 하는 겁니다. 한 끼라도 든든하게 하세요."

30분 전략을 현실화했다

이 식당의 세 번째 대박 비결은 30분 전략, 즉 세부 내용을 설명하는 단계에 있다. 상담에서 상대방이 고민하는 문제를 해결해주는 세부 내용 설명 부분을 이 식당에서는 고기를 맛있게 먹는 방법으로 응용해서 설명했다. 식당에 맞게 현실화한 것이다. 벽면에 걸려 있는 포스터에서 '김치찌개를 맛있게 먹는 방법'을 다음과 같이 안내했다.

1. 매운맛이 사무치게 그리울 땐 청양고추를 추가하세요.

2. 고기를 숭덩숭덩 자르고 한소끔 익히세요(고기가 잘 안 잘릴 땐 안쪽으로 잘라보세요).

3. 밥그릇에 고기 넣고, 김치 넣고, 김 가루 솔솔 뿌리고, 국물 자작하게 담아서 한번 잡숴보세요.

4. 인원수에 맞게 주문하시면 밥은 계속 드립니다. 안심하고 드십시오.

5. 점심에는 밥이 서비스로 나갑니다.

　　상담에서 상대방 문제를 해결해주는 30분 전략이다. 고객이 김치찌개를 맛있게 먹는 방법을 구체적으로 설명해주는 것이다.

　　이 식당에서 3초 전략으로 고객의 관심을 잡고, 30초 전략으로 고객의 관심을 극대화하고, 30분 전략으로 김치찌개를 맛있게 먹는 방법을 설명해주는 것이 공감설득에서 '3·3·3 프로세스'로 풀어가는 과정과 똑같다.

"

2장

공감설득 1단계

3초 전략(관심 잡기)

"

첫마디가 가장 중요하다. 상대방의 관심을 잡아야 한다.

어떤 첫마디로 시작할까?

어떻게 첫마디에 상대방 관심을 잡을 수 있을까?

첫마디가
가장 중요하다고?
왜?

초두효과 때문이다.
첫마디에 관심을 갖게 하면
관심이 쭉 이어진다.

'어?' 하고 반응하면
이미 50%는 성공이다

3초 전략은 관심 잡기다

아침에 일어나 이메일을 확인해보면 하루에도 수십 통씩 광고 메일이 쏟아져 들어온다. 그럴 경우 나는 메일 제목만 확인하고 광고 메일들은 삭제해버린다.

그런데 한 메일이 내 눈길을 잡았다. '문충태 님께 드리는 제안'이라는 제목으로 되어 있었다. '어?' 하는 생각에 메일을 클릭했더니 한 업체의 행사 안내 광고 메일이었다. '에잇' 하고 삭제 버튼을 눌렀다. 메일 제목에 내 이름이 들어 있어 호기심이 생긴 것 같다.

차를 운전하면서 큰길을 지나가는데 저 앞에 있는 한 의류매장의 현수막 문구가 눈에 들어왔다. '꽉꽉꽉 후려친 올해의 마지막 폭탄세일!' 마침 아웃도어 의류가 필요했던 참이라 나도 모르게 의류매장 주차장으로 차를 돌렸다. '꽉꽉꽉 후려친 세일'이라는 문구가 나로 하려금 호기심을 갖게 한 것이다.

3초 전략은 첫마디로 상대방의 관심을 잡는 일이다. 상담 시작을 무슨 말로, 어떻게 시작해야 상대방의 관심을 잡을 수 있느냐가 3초 전략의 핵심이다. 첫마디에 호기심을 느끼게 하라. 첫마디에 '어?' 하는 반응이 일어나게 하라. 그래야 다음 대화로 순조롭게 연결되기 때문이다.

3초 전략은 대화의 첫 단추를 꿰는 일이다. 첫 단추를 잘못 꿰면 그 다음이 엉망이 된다. 단추 얘기가 나온 김에 천양희 시인의 〈단추를 채우면서〉라는 시를 소개한다.

단추를 채워보니 알겠다.

세상이 잘 채워지지 않는다는 걸

단추를 채우는 일이

단추만의 일이 아니라는 걸

단추를 채워보니 알겠다.

(…)

그래, 그래 산다는 건

옷에 매달린 단추의 구멍 찾기 같은 것이야

단추를 채워보니 알겠다.

단추도 잘못 채워지기 쉽다는 걸

옷 한 벌 입기도 힘들다는 걸

상담에서 첫마디는 옷을 입을 때 첫 단추를 꿰는 것과 같다. 첫마디에 상대방이 '어?' 하는 반응이 일어나게 하는 것은 옷에 매달린 단추의 첫 구멍에 첫 단추를 제대로 꿰는 것과 같다는 말이다. 옷을 입을 때는 첫 단추를 제대로 꿰어야 하는 것처럼 상담에서는 제대로 된 첫마디로 시작해야 한다. 상대방이 '어?' 하는 호기심을 느끼도록 하는 첫마디 말이다.

첫마디에 '어?' 하는 반응이 일어나게 하라

신문을 보다가 평소 관심 있는 내용으로 열리는 강좌가 있기에 참석했다. 그날 참석한 인원이 30여 명 되었는데 모두 처음 보는 사람들이었다. 나도 그랬지만 다들 서먹서먹한 분위기에 그다지 익숙하지 않은 듯했다.

교육이 시작되자 진행자가 참석자들에게 돌아가면서 짧게 자기소개를 하라고 했다. 어색한 분위기를 깨기 위해 자기가 누구이며 왜 이 교육에 참석했는지 간단히 말하라는 것이었다.

첫 번째 사람이 자기소개를 했다.

"저는 미아리에서 온 회사원 ○○○입니다."

평범한 자기소개말이었다.

"아, 예!" 하고 진행자가 반응했지만 참석한 사람들은 특별한 반응이 없었다.

두 번째 사람이 자기소개를 했다.

"저는 SK에서 마케팅을 담당하고 있는 ○○○ 과장입니다."

이 또한 평범한 자기소개말이었다.

"아, 예!" 하고 진행자가 반응했다. 그러나 참석한 사람들 표정에는 특별한 변화가 없었다.

이렇게 평범하게 이어지는 자기소개가 10여 명 지나갔다. 한 여성이 자기를 소개할 차례였다. 수수하지만 세련되게 차려입은 30대 후반쯤으로 보이는 여성이었다. 그녀는 다소 상기된 표정으로 자기를 소개했다.

"저는 결혼하고 10여 년을 집에서 백조로 허송세월하다가 지금은 연매출 10억 원을 올리고 있는 식물 가드너(gardener) ○○○입니다."

이 말에 모든 사람의 눈빛이 달라졌다. 그동안 별다른 반응을 보이지 않던 사람들의 시선이 일제히 이 사람에게 쏠렸다.

먼저 진행자의 표정이 달라졌다. 마치 이런 소개말을 기다렸다는 듯이 반겼다.

"평범한 주부로 살다가 연매출 10억 원을 올리고 있다고요?" 진행자가 물었다.

참석한 사람들의 질문이 쏟아졌다.

"식물 가드너가 뭐예요?", "무슨 상품으로 연매출을 그렇게 많이 올려요?"

쉬는 시간에도 그녀에게 질문이 계속되었다. 그녀를 중심으로 삼삼오오 모여 그녀가 하는 일에 대한 구체적인 질문과 답변이 오가는 모습을 볼 수 있었다. 이 광경을 보면서 '오늘 참석자 중 가장 돋보인 사람은 식물 가드너 ○○○였다'라는 생각이 들었다. 자신을 소개하는 한마디로 모든 사람의 관심을 잡은 것이다.

공감설득에서는 첫마디가 중요하다. 왜냐? 초두효과(primary effect) 때문이다. 초두효과란 일반적으로 여러 개의 단어 혹은 정보가 제시되었을 때 처음 제시된 단어나 정보를 잘 기억하는 현상을 말한다. 상담에서 초두효과는 첫마디에 상대방의 관심을 잡으면 그 관심이 세부 내용을 설명하는 단계로까지 쭉 이어지는 현상이다. 그래서 첫마디에 상대방이 '어?' 하는 반응을 보이게 해야 한다.

평범한 첫마디는 쓰레기통에 버려라. 생각 없이 내뱉는 첫마디도 버려라. 사람의 관심을 잡는 첫마디를 개발하라.

첫마디에 앞으로 내가 하고자 하는 말에 호기심을 느끼게 해야 한다. 내가 한 첫마디에 상대방이 '어?' 하는 반응을 보였다면 오늘 그와의 상담은 이미 50%는 성공한 것이다.

첫마디는 마음의 문을 여는 주문이다

우리가 잘 알고 있는《알리바바와 40인의 도적》이야기가 있다. '열려라, 참깨'라는 주문으로 유명한 이야기다. 어느 날 착한 동생 알리바바가 나무를 하러 산에 갔다가 우연히 도적 40명이 보물을 숨겨 둔 동굴을 발견했다.

동생은 숲속에 숨어 있다가 이 동굴의 문을 여는 주문이 '열려라, 참깨'라는 것을 알게 되었다. 그 덕분에 알리바바는 많은 금은보화를 가져와 부자가 되었다.

이 소식을 들은 욕심 많고 심술궂은 형도 산으로 올라갔다. 동생이 가르쳐준 대로 '열려라, 참깨' 하고 주문을 외우자 동굴 문이 열렸다. 보물을 잔뜩 지고 나오려는데 그만 안에서 동굴 문을 여는 주문을 잊어버렸다. 문을 열지 못해 그곳에 갇힌 형은 도둑들에게 죽임을 당하고 말았다.

여기서 말하고 싶은 것은 '열려라, 참깨'라는 주문이다. 동굴 문을 여는 주문을 아는 동생과 그것을 모르는 형의 결과는 극과 극이 되었다. '열려라, 참깨'라는 주문이 무엇인가? 동굴의 문이 열리느냐 열리지 않느냐는 비밀을 쥐고 있는 주문이다.

사람과의 상담에서 첫마디는 '열려라, 참깨'와 같은 주문이다. 첫마디를 어떻게 하느냐에 따라 상대방 마음이 열리느냐 열리지 않느냐가 결정되기 때문이다. 동굴의 문이 열리게 하는 '열려라, 참깨'와 같이 상담할 때 닫혀 있는 사람의 마음 문을 여는 첫마디가 필요하다.

"굿 뉴스(good news), 배드 뉴스(bad news)가 있는데 무엇부터 들을래?" 우리가 친한 사람에게 많이 던지는 첫마디다. 상대방의 관심을 잡기 위한 3초 전략이다. 상대방으로 하여금 '어?' 하는 궁금증을 갖게 하려고 준비해서 던진 첫마디다. 이 말에 상대방은 좋은 소식은 뭐고 나쁜 소식은 뭘까 하는 궁금증에 둘 중 하나를 지목하게 된다.

'열려라, 참깨 = 굿 뉴스, 배드 뉴스.' 둘이 참 많이 닮았다. 하나는 동굴 문을 여는 주문이요, 하나는 사람 마음의 문을 여는 주문이다.

말에
콘셉트를 담으라고?
그게 뭔 소리야?

콘셉트가
있느냐, 없느냐에 따라
공감 속도가 다르다.

콘셉트를 담은 첫마디가
모든 것을 삼킨다

열심히 일한 당신, 떠나라. −○○카드

여보, 아버님 댁에 보일러 놓아드려야겠어요. −○○보일러

사랑은 언제나 목마르다. 2 % 부족할 때. −○○음료

세상 사는 게 피로하지 않은 사람은 없습니다. −○카스

둥근 정이 떴습니다. −○○파이

치킨은 살 안 쪄요. 살은 내가 쪄요. −○○의 민족

침대는 가구가 아닙니다. 과학입니다. −○○침대

많은 시간이 지났는데도 아직까지 내 가슴에 살아 있는 광고 카피들이다. 이 광고들이 왜 내 가슴속에 이렇게 오래 살아 있을까? 이 광고들에는 공감하는 콘셉트가 있기 때문이다.

하이콘셉트(high concept)라는 용어가 있다. 하이콘셉트는 특별한 관련이 없는 것처럼 보이는 것들을 서로 묶어 무엇인가 새 의미가 되게 하는 것을 말한다.

'신용카드 = 떠남', '음료수 = 사랑', '치킨 = 배달', '효도 = 보일러', '성 = 초코파이', '침대 = 과학' 등과 같은 경우가 그렇다. 서로 연관성이 없어 보이는 것들을 묶어서 새로운 개념을 만들었더니 사람들이 공감하게 되었고, 이것이 상품을 불티나게 팔리게 하였다.

컴퓨터에서 사용하는 비밀번호와 관련된 이야기다. 컴퓨터 커뮤니티에 접속하려는데 새로운 비밀번호로 바꾸라는 메시지가 뜬다. 지금 사용하는 비밀번호가 3개월이 지났다면서 보안성이 높은 새로운 비밀번호로 변경하라는 것이다. 그러면서 새로운 비밀번호는 숫자와 영문자를 조합해서 만들고 거기에 특수문자까지 포함한 비밀번호로 만들라고 했다. 남들이 쉽게 풀 수 없는 보안성이 높은 비밀번호를 사용하라는 것이다.

> 1q2w3e4r
>
> 다 뚫렸네. 군사보안

갑자기 옛날에 예비군 훈련장 화장실에서 보았던 표어가 생각났다. 예비군 훈련장 화장실에 이런 표어가 붙어 있었다.

허술한 비밀번호 때문에 군사보안이 다 뚫리고 있다는 것을 경고하는 표어였다. 비밀번호는 남들이 쉽게 알아차리지 못하도록 보안이 높은 번호를 만들어 사용하라는 표어였다.

이 표어를 보면서 궁금증이 생겼다. 왜 이 비밀번호가 군사보안이 뚫리는 허술한 비밀번호라는 걸까? 내가 보기에는 상대방이 쉽게 알아차릴 수 없을 것 같은데… 그런데 컴퓨터 글자판을 보고서 그 이유를 알게 되었다. 컴퓨터 글자판을 보라. 맨 윗줄에 1, 2, 3, 4, 5 숫자 버튼이 있다. 그 아랫줄에 q, w, e, r, t 알파벳 버튼이 있다. 컴퓨터 윗줄과 아랫줄을 번갈아가면서 조합한 비밀번호가 '1q2w3e4r'이다. 그런데 의외가 아닐 수 없었다. 실제로 많은 사람이 이 비밀번호를 사용하고 있었다.

'군사보안 = 비밀번호'라는 콘셉트를 연결해 비밀번호의 중요성을 일깨워주는 표어를 만들었다. 사람으로 하여금 공감이 빨리 일어나게 하는 도구가 콘셉트다. '군사보안 = 비밀번호'라는 캠페인 문구처럼 공감하는 콘셉트 한마디가 열 마디 말이 필요 없게 만든다. 공감하는 콘셉트를 담은 첫마디가 모든 것을 삼킨다는 말이다. 상담할 때 말문을 어떻게 열어야 할까? 무작정 말할 것인가 아니면 콘셉트를 가지고 말할 것인가? 콘셉트를 담은 첫마디가 필요하다.

"철학은 □□□□□이다."

한 철학자가 강의를 시작하면서 이런 질문을 던졌다. □□□□ 안에 들어갈 말은 무엇일까? 1분긴 생각해보라. 당신은 네모 안에 무슨 말이 들어갈 거라고 했는가?

강사로 초청된 철학자는 네모 안에 들어갈 말을 이렇게 말했다.

"철학은 '지우개'다."

철학은 세상에 던져진 물음표를 싹싹 지우는 것이니까. 그러면서 그는 '철학이란 무엇인가'에 대한 강의를 시작했다. 세상에 던져진 물음표를 어떻게 지워나가느냐는 것이 그의 철학 강의에서 핵심 내용이었다.

"총알같이 달려가겠습니다."

부산경찰청에서 내세운 광고 문구다. 부산의 한 건물에 붙은 재미있는 광고판이 눈길을 잡았다. 건물 전면을 이용해 경찰차가 달려가는 모습을 마치 총알이 뚫고 간 자리와 같이 연출했다. 총알처럼 1분 1초라도 빨리 현장에 달려가겠다는 의지를 담은 광고판이다.

경찰의 신뢰는 신속 정확한 출동에 있다. 신고가 접수되면 얼마나 빨리 현장에 도착하느냐에 따라 사람을 살릴 수 있느냐 없느냐가 결정된다. '신속한 출동 = 총알'을 연결한 콘셉트다. 1분 1초라도 빨리 출동하려고 노력하는 경찰의 좋은 이미지가 그려지지 않는가?

"한쪽은 공짜로 닦아드립니다."

시내에 있는 한 구두수선집 앞에 이런 안내판이 세워져 있었다. 유머와 위트가 담긴 안내판이었다. 재미있는 문구라는 생각에 수선집으로 들어갔다. '구두 닦기 = 공짜'라는 콘셉트에 끌린 것이다. 구두 닦는 비용은 다른 구두 수선집과 똑같았다. 그런데도 신발 한 짝은 공짜로 닦은 것 같은 기분이 든 이유는 무엇일까?

공감설득은 콘셉트와의 싸움이다. 콘셉트가 있느냐 없느냐에 따라 상대방이 받아들이는 인식이 달라진다는 것이다. 즉 공감의 속도가 달라진다. 상대방 마음에 새로운 인식을 심어주는 것이 콘셉트다. 아무것도 아닌 것에 콘셉트를 더하면 새로운 의미가 생긴다. 죽어 있는 것이 생명력을 갖는다.

캄캄한 방에 스위치를 딸깍 올리면 어두웠던 방이 환해지는 것처럼 콘셉트가 더해지면 막연했던 개념이 내 마음속에서 의미가 분명해진다.

다이어트 데이(day)를 아는가? 3월 15일? 10월 11일? 아니다. '내일'이다. 많은 사람이 "오늘까지만 먹고 내일부터 다이어트할 거야"라고 말한다. 내일부터, 내일부터…. 그래서 다이어트 데이는 '내일'이되었다.

'이번에는 기어이 다이어트를 할 거야' 하는 생각에 헬스장을 찾았다. 회원 등록을 안내하는 헬스장 매니저가 이렇게 말했다.

"저희 헬스장에서는 살을 빼면 쌀을 적립합니다."

"살을 빼면 쌀로 보상해준다고요?"라고 물었다. 살도 빼고 돈도 벌수 있다는 말인가 싶어서 물은 질문이다.

"아니요. 저희 헬스장에서는 살을 1kg 뺄 때마다 쌀을 1kg씩 적립해서 그 쌀로 월말에 불우이웃을 돕습니다."

도랑 치고 가재 잡고, 누이 좋고 매부 좋고, 마당 쓸고 돈도 줍듯이 다이어트도 하고 좋은 일도 한다는 것이다.

"저는 보름 만에 10kg을 감량했습니다."

"저는 보름 만에 22kg을 뺐습니다."

"저는 30kg을 뺐습니다."

헬스장에서 땀을 뻘뻘 흘리며 운동하는 사람들이 자랑하듯이 하는 말이었다. 이렇게 해서 이번 달 회원들이 적립한 쌀이 157kg이나 된다고 했다. 살을 빼면 뺄수록 기부해야 할 쌀이 더 많아진다. 살을 뺄수록 돈이 더 들어간다는 말이다. 그런데 저렇게 기를 쓰고 살을 빼려는 이유는 도대체 무엇이란 말인가? 가진 것이 돈밖에 없어서?

이 헬스장에서는 '살 = 쌀'로 콘셉트를 만들었다. '다이어트 = 기부'라는 전혀 상관없는 요소를 결합해 공감하는 콘셉트를 만든 것이다.

'살을 빼서 쌀을 적립한다.'

이 한마디가 회원들로 하여금 다이어트에 미치게 만들었다. 망설일 것이 없었다. 주저할 것이 없었다. 그날 그 자리에서 회원 가입을 했다.

3초 전략에서 첫마디에 상대방 관심을 잡으려면 콘셉트를 담은 한마디를 던져라. 콘셉트를 담은 한마디가 오늘 상담의 운명을 결정한다. 콘셉트를 담은 한마디가 있느냐 없느냐에 따라 오늘 상담이 성공하느냐 실패하느냐로 갈리게 된다.

말문은
질문으로 여는 것이 좋다고?
어떤 질문을?

두 종류의 질문을 하라.
긍정 질문과
열린 질문이다.

공감설득은
질문으로부터 시작된다

2월이 시작되었을 즈음 친구가 나에게 물었다.

친구: 왜 2월은 날짜가 28일까지만 있는지 알아?

나: 글쎄? 1년 365일 날짜를 맞추기 위해서 그런 것 아냐?

친구: 땡! 봄이 빨리 오라고 2월에는 숫자 몇 개를 슬쩍 빼버렸대.

나: 오호! 말 된다. 공감이 팍 된다.

내 반응이 재미있다는 듯 친구가 이어서 물었다.

친구: 그럼 3월은 왜 31일까지 있는 줄 알아?

나: 그야 홀수 달이니 31일까지 있는 것 아냐?"

친구: 봄꽃이 더 많이 피라고 3월에는 숫자를 꽉 채운 것이래.

나: 맞아. 그런 것 같아. 그런 해석도 가능하구나.

나중에야 친구가 〈이월과 삼월〉이라는 시에서 이런 대화를 이끌어 냈음을 알게 되었다. 동시 작가 신복순의 〈이월과 삼월〉이라는 시의 원문을 보자.

봄을 빨리 맞으라고

2월은

숫자 몇 개를 슬쩍 뺐다.

봄꽃이 더 많이 피라고

3월은

숫자를 꽉 채웠다.

상담하면서 상대방 관심을 이끌어내는 도구 중 하나가 질문이다. 질문은 사람들로 하여금 궁금증을 유발하게 하고 또 내가 말하려는 이야기에 쉽게 따라오게 만드는 소통 도구다. 또한 질문은 굳게 닫혀 있는 마음을 쉽게 열도록 해주는 소통 도구이기도 하다.

백 마디 말보다 질문 한마디가 힘이 더 세다. 문제는 어떤 질문을 하느냐다. 어떤 질문을 어떻게 하느냐에 따라 닫힌 마음을 활짝 열게 할 수도 있고, 열리려던 마음을 다시 닫아버리게 할 수도 있다.

긍정 질문을 하라

질문은 어떻게 해야 할까? 질문에는 부정 질문과 긍정 질문이 있다. '~하면 안 돼요?'라고 질문하는 것이 부정 질문이다. 반면 '~해도 돼요?', '~할까요?'라고 질문하는 것이 긍정 질문이다.

중학교 영어 수업 시간이었다. 한창 수업 중인데 한 학생이 손을 들더니 선생님에게 질문을 했다.

학생: 선생님, 화장실 좀 갔다 오면 안 돼요?
선생님: 안 돼.

선생님이 잠시 뜸을 들이더니 학생에게 말했다.

선생님: 다시 질문해봐?
학생: 화장실 좀 갔다 오면 안 돼요?
선생님: 안 된다니까. 다시 질문해봐?

그제야 학생이 '아하' 하는 생각에 이렇게 바꿔 말했다.

학생: 선생님, 화장실 좀 갔다 와도 돼요?
선생님: 그래, 빨리 갔다 와라.

긍정이 긍정을 낳고 부정이 부정을 낳는다. '콩 심은 데 콩 나고 팥심은 데 팥 난다'고 한다. 긍정의 질문을 하면 긍정의 답이 나오고 부정의 질문을 하면 부정의 답이 나온다.

영국의 작가 셰익스피어는 이렇게 말했다.

"인생은 연극이다. 희극을 연기하면 희극의 삶을 살게 되고, 비극을 연기하면 비극의 삶을 살게 된다."

상담할 때 부정 질문을 하면 상대방 마음은 닫히게 되고 긍정 질문을 하면 상대방 마음은 열리게 된다. 첫마디는 긍정 질문으로 시작하는 것이 효과적인 이유다.

열린 질문을 하라

질문하는 방법에는 닫힌 질문과 열린 질문이 있다. 닫힌 질문은 답이 정해진 질문이다. '예, 아니요'로 대답하게 하는 질문이 닫힌 질문이다. '밥 먹었어요?', '잠은 잘 잤어요?'라는 질문에는 어떤 대답이 나올까? '예 또는 아니요'라는 대답밖에 나오지 않는다.

중학교 2학년 아들을 둔 엄마가 나를 찾아왔다. 아들과 대화가 안 된다는 것이다. 아들과 함께 학교생활에 대해 이야기하고 싶고, 친구들과의 관계에 대해서도 이야기하고 싶은데 아들 입에서는 "예 또는 아니요"라는 대답밖에 나오지 않는다는 것이다. 어떻게 했으면 좋겠냐고 했다. 그래서 엄마와 아들이 어떤 식으로 대화를 나누는지 살펴보았다. 아들이 학교에서 돌아왔다.

엄마: 학교 잘 갔다 왔어?
아들: 예.

'예'라는 대답만 하고 아들은 자기 방으로 들어가 버린다. 방으로 들어간 아들을 따라가 엄마가 추가 질문을 했다.

엄마: 오늘 공부 열심히 했어?
아들: 예.

그러고는 끝이다. 대화가 좀더 이어지지 못하고 단편적인 대화로 끝나고 말았다. 무엇이 문제인가? 그 무섭다고 하는 사춘기의 중 2 아들에게 문제가 있는 걸까? 아니다. 문제는 엄마에게 있다. 엄마의 질문 방법에 문제가 있다. '예, 아니요'로 대답하게 하는 닫힌 질문을 하니까 아들은 '예, 아니요'라는 대답밖에 할 수 없었던 것이다.

열린 질문은 징답이 없는 질문이다. 하나의 질문에 답이 여러 개 나올 수 있는 질문이다. '지난주에 어떻게 보내셨어요?'라는 질문을 받으면 어떻게 대답하겠는가? 열린 질문에는 정해진 답이 없다.

상담에서 상대방 마음이 열리게 하려면 닫힌 질문보다는 열린 질문을 사용하는 것이 더 효과적이다. 열린 질문을 하면 상대 마음도 열리고 닫힌 질문을 하면 상대 마음도 닫히기 때문이다.

한 여행전문가가 '행복한 여행, 불행한 여행'이라는 주제로 강의를 하면서 다음과 같은 질문을 던졌다.

강사: 여행이 즐거운 이유는 무엇일까요?
청중 1: 집을 떠나니까요.
청중 2: 스트레스를 풀 수 있으니까요.
청중 3: 직장에 나가지 않아도 되니까요.
청중 4: 내가 안 가본 곳을 갈 수 있으니까요.

다양한 의견과 생각이 청중 입에서 나왔다. 그러자 강사가 말했다.

"다 맞는 말씀이네요. 그런데 저는 이렇게 생각했어요. 여행이 즐거운 이유는 '다시 돌아갈 집이 있기 때문'이 아닐까요?"

그의 설명이 이어졌다. 만약 돌아갈 집이 없으면 방랑자, 부랑아, 떠돌이가 될 것이다. 그런 사람들에게 과연 여행이 즐거울까? 돌아갈 집이 없는데 여행이 즐겁겠냐고 질문하면서 그는 '행복한 여행, 불행한 여행'을 주제로 강의를 시작했다.

열린 질문을 꺼냈더니 청중의 마음이 열리고 다양한 의견과 생각이 그들 입에서 나왔다. 상담을 시작하는 단계에서 상대방 마음을 열게 하고 또 내가 하고자 하는 이야기에 관심을 가지게 하는 것이 질문이다.

정리해보자. 공감설득은 질문으로부터 시작된다. 상대방의 마음을 열게 하고 관심을 집중시킬 수 있다는 질문은 [   ], [   ]이다. 답은 긍정 질문, 열린 질문이다.

사람들은 왜

내 말을

들으려 하지 않지?

상식적으로

말하기 때문이다.

상식을 뒤집어봐라.

'식상하다'고 하지 않는가.

상식을 비틀면
호기심이 튀어나온다

상식적인 첫마디가 문제다

내가 하는 말에 상대방이 관심을 두지 않는 경우가 있다. 왜 그럴까? 상식적으로 말하기 때문이다. 첫마디를 상식적으로 하기 때문에 식상해서 상대방이 관심을 두지 않는 것이다.

상식이란 무엇인가? 나도 알고 너도 알고 모두가 아는 것이 상식이다. 어떤 말을 했을 때 나도 '아하', 너도 '아하', 모두가 '아하' 하는 것이 상식이다. 그런데 상식이라는 단어를 거꾸로 읽어보라. 식상이 된다. 무슨 뜻인지 알겠는가? 상식적인 말은 식상하다는 것이다. 상식적으로 말하면 사람들이 관심을 두지 않는 것은 식상하기 때문이다.

사람들이 관심을 갖게 하려면 상식을 살짝 비틀어보라. 그러면 상대방 반응이 달라진다. 식상함이 신선함으로 바뀌기 때문이다.

은행창구에서 있었던 일이다. 서른을 넘었을까 말까 한 엄마가 다섯 살쯤 되어 보이는 쌍둥이를 데리고 은행에 왔다. 그런데 아이들이 은행 안을 휘젓고 다니며 난장판을 만드는데도 아이 엄마가 아무 말도 하지 않았다. 그러자 은행 안에 있던 사람들이 눈살을 찌푸리면서 한마디씩 했다.

"아휴, 애들 좀 조용히 시키지."

"요즘 젊은 엄마들은 왜 저래?"

그러자 젊은 엄마가 아이들을 붙잡으며 소리쳤다.

"내가 너희 땜에 잘 살아!"

은행 안에 있던 사람들이 어처구니가 없어 모두 웃고 말았다.

"내가 너희 땜에 잘 살아" 이 한마디가 그동안 아이들이 은행을 휘젓고 다닌 것을 깡그리 잊어버리게 하고도 남을 만큼 힘이 있었다. 사실 사람들이 기대했던 말은 "내가 너희 땜에 못살아"였다.

상식을 살짝 비틀었더니 사람들 반응이 달라졌다. 사람들이 예측하고 기대했던 것을 살짝 비틀었더니 분위기가 180도 바뀐 것이다.

상식을 비트는 연습을 하라

'土' 이 한자를 읽어보라. '흙 토'라고 읽었는가? 모두 그렇게 읽는다. 상식적으로 생각하기 때문이다. 그러나 생각을 살짝 비틀어보라. 어떤 사람은 플러스(+), 마이너스(−)로 읽는다. 상식을 비튼 것이다.

상식을 비트는 연습을 해보자. 익히 잘 알고 있는 속담을 비틀어 현대판 속담으로 바꾸어보자.

> 인생은 길고 예술은 짧다. → 예술은 지루하고 인생은 아쉽다.
>
> 아는 길도 물어 가라. → 아는 길은 곧바로 가라.
>
> 사공이 많으면 배가 산으로 간다. → 사공이 많으면 배가 빨리 간다.
>
> 가다가 멈추면 아니 간만 못하다. → 가다가 멈추면 간 만큼 이득이다.
>
> 하늘이 무너져도 솟아날 구멍이 있다. → 하늘이 무너져도 지하도가 있다.

상식을 살짝 비틀었더니…

대학생들을 대상으로 강의할 때 있었던 일이다. 상식 비틀기 연습으로 악수와 관련된 이야기를 하고 있었다.

나: 악수는 무엇으로 합니까?

학생들: 손으로 해요.

나: 땡! 틀렸습니다. 악수는 발로 합니다.

학생들: 말도 안 돼요.

나: 악수를 하려면 먼저 발로 상대방에게 접근해야 합니다. 그러니까 악수는 발로 하는 겁니다.

학생들: 아하!

나: 그러면 포옹은 무엇으로 합니까?

대부분 학생: 발로 합니다.

몇몇 학생: 팔로 합니다.

나: 맞습니다. 포옹은 발로 하는 겁니다. 포옹을 하려면 먼저 발로 상대방에게 접근해야 하니까요. 그러면 키스는 무엇으로 합니까?

이 질문에서 기대하는 대답은 '발'이었다. 앞에서 연습했듯이 악수를 하려면 발로 먼저 상대방에게 다가가야 하고, 키스를 하려면 발로 먼저 상대방에게 다가가야 하기 때문이다. 그런데 한 남학생이 퉁명스럽게 대답했다.

학생 A: 입술로 해요.

상식 비틀기 연습에 마음이 불편했던 모양이다. 무슨 말도 안 되는 소리냐는 표정으로 퉁명스럽게 대답한 말이었다. 남들이 '발'이라고 할 때 자신은 반항이라도 하듯이 '입술'이라고 말한 것이다. 그러자 장난기가 발동한 여학생이 그 남학생 옆구리를 쿡 찌르면서 말했다.

학생 B: 바보야, 키스를 입술로 하냐? 혀로 하지.

이 한마디에 강의실 안이 웃음바다가 되었다. 상식을 비틀면 무엇이 튀어나올까? 눈알이 튀어나온다? 그럴지도 모르겠다. 여러분 스스로 답해보라. 상식을 비틀면 [   ]이 튀어나온다. 내 대답은 '호기심이 튀어나온다'다.

상식을 비튼 첫마디가 나를 붙잡았다

"오스트리아에는 캥거루가 살지 않습니다."

이 한마디가 준 신선한 자극을 몇 년이 지난 지금도 잊지 못한다. 5년 전쯤으로 기억된다. 세계 와인박람회에 참석했는데 나라별로 부스가 설치되어 있었다. 오스트리아 와인 부스에 이르렀을 때 오스트리아 와인을 소개하는 사람이 오프닝 멘트로 '오스트리아에는 캥거루가 살지 않습니다'라고 했다.

'무슨 소리야? 캥거루 하면 호주 아닌가?', '와인하고 캥거루가 무슨 연관성이 있지?'라고 머릿속에서 물음표가 그려지는데 그가 이어서 "오스트리아는 오스트레일리아가 아닙니다(Austria is not Australia)"라고 말했다.

캥거루 하면 떠오르는 나라가 바로 오스드레일리아다. 우리가 한자어로 호주라고 하는 나라다. 적도 남쪽 오세아니아주에 속한 나라다. 반면 오스트리아는 중부유럽에 속하며 독일 남동쪽에 있다. 수도는 빈(Vien), 영어로는 소시지 이름으로 유명한 비엔나(Vienna)다.

"많은 사람이 오스트리아와 오스트레일리아를 혼동합니다. 적도 남쪽에 있는 캥거루의 나라 오스트레일리아와 유럽대륙에 있는 오스트리아는 다른 나라입니다"라고 하면서 그는 오스트리아 와인 이야기를 시작했다.

참고로 오스트리아 빈에서는 '오스트리아에는 캥거루가 없습니다(No kangaroos in Austria)'라는 문구가 새겨진 티셔츠, 머그컵 등이 관광기념품으로 팔린다고 한다.

그의 이야기를 들으면서 나는 이런 생각을 했다. 만약 그가 '오스트리아는 오스트레일리아가 아닙니다'라는 말로 이야기를 시작했다면 어땠을까? 모르긴 몰라도 그의 말에 관심을 두는 사람은 별로 없었을 것이다. 누구나 다 알고 있는 상식적인 말이기 때문이다.

그런데 그는 첫마디를 오스트리아와 캥거루를 연결한 말로 시작했다. '캥거루 = 오스트레일리아'로 알고 있는 사람들 상식에 허를 찌른 것이다. 그는 '캥거루≠오스트리아'라는 접근 방법으로 '오스트리아에는 캥거루가 살지 않습니다'라는 오프닝 멘트를 만들었다. 이 한마디가 그의 이야기에 신선함을 느끼게 했고 또 호기심을 갖고 그의 이야기를 따라가게 만들었다.

숫자를 활용하라고?

왜?

어떤 효과가 있기에?

숫자는 짧다.

숫자는 단순하다.

그러나 힘은 강하다.

백 마디 말보다
숫자 하나가 더 낫다

> **숫자로 말하면 호기심이 달라진다**

친구들과 저녁을 함께할 때 있었던 일이다. 식사하면서 자연스럽게 반주가 곁들여졌다. 각자 술잔에 술을 따른 후 한 친구가 건배를 제의했다. 그가 제안한 건배사가 '9988234'였다. 친구가 '9988'이라고 외치자 모두 '234'라고 답하면서 술잔을 비웠다. 그 친구의 건배사를 보면서 직업 본능이 살아났다. 친구들을 청중으로 '1분 스팟(spot) 강의'를 시작한 것이다.

나: '9988234'가 무슨 뜻인지 알아?

친구 A: 99세까지 88하게 살다가 2~3일만 아프다 죽는 거래며.

나: 맞아. 행복의 비밀번호라고 하지. 99세까지 팔팔하게 살다가 2~3일만 아프다 죽는 사람은 행복하다는 거야. 그럼 '8899234'는 무

슨 뜻인지 알아?

친구 A: 글쎄?

친구 B: 그거 우리 집 현관문 비밀번호야. 쿡쿡."

나: 정말? 그렇다면 큰일이다. 그 비밀번호 빨리 바꿔야겠다. 889 9234는 불행의 비밀번호니까. 88세까지 구질구질(99)하게 살다가 2~3년 넘게 아프다 죽는 사람이 불행한 사람이라는 거야."

호기심을 끌고 다니는 너는 누구냐?

'2080치약, 배스킨라빈스31, 11번가, 1865, 여명808.'

이것들의 공통점은? 숫자로 성공한 브랜드들이라는 것이다. 브랜드에 숫자를 넣어 고객들의 호기심을 자극하고 또 상품의 기능이나 특징을 자연스럽게 이해하게 함으로써 매출을 극대화한 대표적인 상품들이다.

2080치약은 '20개의 건강한 치아를 80세까지 유지하자'라는 뜻으로 처음 제품이 나올 때부터 소비자들의 강한 관심을 끌었고 지금까지 가장 대중적인 치약으로 자리 잡았다.

배스킨라빈스31은 '한 달 31일 내내 새로운 아이스크림 맛을 즐길 수 있는 곳', '31가지 맛의 아이스크림을 골라 먹을 수 있는 곳'이라는 의미로 '31가지 맛 = 다양한 아이스크림'이라는 브랜드 특징을 심어주었다.

11번가에는 '사람과 사람과의 1 : 1관계', 'Best of Best', '완벽한 숫자 10에 플러스알파' 등 다양한 의미가 담겨 있다고 한다.

'1865'는 칠레산 와인이다. 회사 설립연도인 1865년을 기념하기 위해 붙여진 이름인데 사람들이 여러 가지 의미로 해석한다. 특히 골퍼들에게 '18홀을 65타에'라는 건배사로 많은 사랑을 받고 있는 와인이다.

여명808은 숙취해소 음료인데 808번 실험한 끝에 최종 제품이 탄생했다는 의미가 들어 있다고 한다.

이처럼 숫자는 사람들로 하여금 호기심을 자극해 그 의미를 자발적으로 찾게 하는 과정에서 제품의 의미를 한 번 더 어필할 수 있게 만든다. 이것이 숫자의 힘이다.

첫마디에 숫자를 활용해보라

내가 즐겨듣는 라디오 프로그램이 있었다. 강의 약속이 잡힌 연수원으로 승용차를 이용해 이동할 때 차 안에서 즐겨 듣던 프로그램이었다. 그런데 요즘은 아쉽게도 그 프로그램을 들을 수 없다. 프로그램 개편으로 그 시간대에서 다른 시간대로 옮겼는지 아니면 아예 폐지되었는지는 잘 모르겠다.

어쨌든 그 프로그램을 시작할 때 진행자는 항상 오프닝 멘트를 숫자로 시작했다.

"오늘의 숫자는 바로 1.4입니다. 오늘 숫자의 의미는 1조 4,000억입니다."

'1조 4,000억이라는 의미가 무엇일까?' 하는 궁금증이 들게 하고서 방송을 시작하는 것이다. 그러면 나는 1조 4천억의 의미를 나름대로 유추했다. '누구의 비자금 액수인가? 아니면 국민의 혈세인 세금이 1조 4,000억이나 펑펑 새고 있다는 말인가?' 등 이런저런 생각을 하는 것이다.

그러면 현장에서 취재한 담당기자가 나와서 1조 4,000억의 의미를 해석해준다. 고객들이 찾아가지 않아 은행에서 잠자고 있는 돈이 1조 4,000억이나 된다는 것이다. 혹시 내게도 잠자고 있는 돈이 있을까 궁금하면 금융감독원 또는 금융소비자 정보포털 파인(fine)을 클릭한 후 '잠자는 내 돈 찾기'에서 확인하면 된다는 등의 설명이 곁들여진다.

숫자를 이용해 궁금증을 유발하고 또 전문기자가 그 궁금증을 풀어주는 재미있고 유익한 프로그램이었다.

숫자는 짧지만 힘이 강하다

초등학교에 다니는 딸을 둔 엄마가 하는 말이다. 어느 날 학교에 갔다 온 딸이 이렇게 말했다고 한다.

딸: 난 초등학생인 것이 49%는 좋고, 51%는 안 좋아.
엄마: 그래? 싫은 쪽이 더 많은 이유는 뭐야?
딸: 초등학생이라는 것이 감옥 같아서…."

이 말에 엄마는 아무 말도 하지 못했다. 딸의 말을 되씹을수록 많은 생각을 하게 했다. 짧은 대화였지만 엄마가 느꼈을 충격이 눈에 선하다. 어린 초등학생이 인생의 무게를 얼마나 버거워하는지 짐작하게 해준다. 초등학생이 느끼는 심정을 이보다 더 생생하게 전달할 수 있는 방법이 있을까? 이것이 바로 숫자가 주는 힘이다.

숫자는 기호다. 숫자는 짧다. 숫자는 단순하다. 하지만 숫자에는 사람들 마음을 강하게 끌어당기는 힘이 있다. 백 마디 말보다 숫자 하나가 호기심을 유발하는 데는 더 강한 힘을 발휘한다. 대화를 시작할 때, 상담을 시작할 때 상대방의 관심을 잡는 방법으로 숫자를 활용해보면 어떨까?

'손실회피론'이
있다고 하던데
그게 뭐야?

사람에게는
손해를 보거나 위험한 것을
피하려는 심리가 있다.

때로는 첫마디에
은근히 겁을 줘라

사람은 무엇에 더 민감하게 반응할까?

이익을 얻는 상황, 손해를 보는 상황 두 가지 상황이 있다고 하자. 이 경우 사람은 어떤 상황에 더 민감하게 반응할까? 이 질문에 대한 답은 '가위바위보 게임'으로 간단하게 알 수 있다.

길을 가는 사람을 붙잡고 가위바위보 내기 게임을 하자고 해보라. 게임에서 이기면 내가 만 원을 주고, 지면 상대방이 나에게 만 원을 주는 게임이다. 이길 확률과 질 확률은 50 : 50이다.

이럴 경우 제안을 받은 사람들은 어떤 반응을 보일까? 대부분 사람들이 제안을 거절한다. 왜냐하면 이겨서 만 원을 받는 것보다 져서 만 원을 내야 한다는 것이 더 크게 작용하기 때문이다. 즉 이익을 얻는 것보다 손실을 보는 것에 더 민감하게 반응하는 것이다. 이것을 손실 회피론이라고 한다.

사람들은 이익이 생기는 상황에서는 이익을 당연히 받아야 할 몫으로 생각하지만, 손실이 생기는 상황에서는 무언가 잃는 것에 심각하게 불안과 공포를 느끼게 된다.

이 같은 현상은 눈에 보이는 유형의 것만이 아니라 눈에 보이지 않는 무형의 것에서도 마찬가지다. 골프선수의 경우가 그렇다. 들어가지 않을 것 같은 공이 들어갔을 때 기쁨보다 당연히 들어가야 할 공이 들어가지 않았을 때 상실감이 더 크다고 한다. 얻게 되는 기쁨보다 잃게 되는 상실감이 더 크게 작용하기 때문이다.

어떻게 말하느냐에 따라 긴박감이 다르다

상담할 때 첫마디를 어떻게 시작해야 할까? 첫마디를 어떻게 시작해야 상대방 관심을 잡을 수 있을까? 첫마디를 공포를 느끼는 말로 시작하는 것이다. 손실이나 불안, 공포를 주는 첫마디를 던지는 것이다. 손실회피론을 이용하는 방법이다.

병원에서 지금 당장 수술을 받아야 할 환자가 있다. 환자에게 지금 수술을 받지 않으면 안 되는 이유를 설명해야 할 때 환자로 하여금 지금 당장 수술을 받아야 한다는 급박감을 느끼게 하려면 이익과 손해 중 어느 부분을 더 강조해야 할까? 즉 생존율로 설명하는 것이 더 좋은지, 사망률로 설명하는 것이 더 좋은지 고민이다.

의사 1: 환자분이 지금 수술을 받으면 생존율이 10% 증가합니다.

의사 2: 환자분이 지금 수술을 받지 않으면 사망률이 10% 증가합니다.

의사 1은 생존율로 설명했다. 이익을 강조하는 쪽을 선택한 것이다. 의사 2는 사망률로 설명했다. 손실을 강조하는 쪽을 선택한 것이다. 만약 당신이 환자라면 누구 말에 더 영향을 받을까? 많은 사람이 의사 2의 말이라고 대답한다. 이익을 받는 것보다 손해를 받는 것에 민감하게 반응하기 때문이다.

한 보험설계사가 이번 달 영업에서 대박을 냈다. 영업실적이 지난달에 비해 200%를 달성한 것이다. 무엇이 그로 하여금 지난달에 비해 2배의 영업실적이 나오게 했을까?

"이번 달에 보험을 가입하면 1,800만 원이 이익이고, 다음 달에 가입하면 1,800만 원이 손해입니다."

이 한마디 때문이었다. 그가 이번 달에 보험에 가입할 유망고객을 만날 때마다 집중적으로 사용한 첫마디였다.

"왜 다음 달에 가입하면 1,800만 원을 손해 봐요?"

많은 사람이 그에게 한 질문이다. 이 질문을 받으면 그는 "다음 달부터 보험료가 올라가게 됩니다"라고 대답하면서 이번 달에 보험에 가입했을 때와 다음 달에 가입했을 때의 차이를 보여주는 표를 한 장 내밀었다.

그의 영업 비결은 손실회피론을 응용한 3초 전략이있다. 손해를 피하려는 사람의 심리를 이용해 이번 달에 보험을 가입하지 않으면 1,800만 원을 손해 본다는 사실을 부각함으로써 고객의 관심을 불러 일으킨 첫마디였다.

충격요법이 필요할 때가 있다

의사와 환자의 상담에 관련된 이야기를 하나 더 하자. 혈압이 높아 고혈압 약을 복용하는 육군 장교가 있다. 그는 종합검진을 받다가 혈압이 높다는 사실을 알게 되었다. 고혈압 약을 먹어야 한다는 의사의 권유에도 그는 몇 년 동안 고혈압 약을 먹지 않았다. 운동으로 조절하면 될 수 있을 거라고 생각했기 때문이다.

그런 그가 결정적인 한마디 때문에 고혈압 약을 먹게 되었다. 먼저 왜 의사가 고혈압 약을 먹어야 한다고 했는데도 먹지 않았는지에 대한 그의 설명이다.

의사 1: 고혈압 약을 꼭 드셔야 합니다.

의사 2: 고혈압 약을 드시지 않으면 위험할 수도 있습니다.

이런 의사 말에 그는 그렇게 위험하다는 생각이 들지 않았다고 한다. 그러나 다른 의사의 말에 그는 당장 고혈압 약을 먹지 않으면 안 되겠다는 생각을 하게 되었다. 그 의사는 어떻게 말했을까?

의사 3: 전쟁이 나면 군인이 제일 먼저 챙겨야 하는 것이 무엇인지 아시죠? 총? 총알? 환자분은 총도 아니고 총알도 아닙니다. 고혈압 약입니다.

군인에게 총은 자기 분신이라고 한다. 총이 곧 생명이라는 말이다. 전쟁이 나면 가장 먼저 챙겨야 하는 것이 총이다. 총이 없으면 죽기 때문이다.

그러나 그에게는 총보다 먼저 챙겨야 하는 것이 고혈압 약이라고 했다. 다른 사람들에게는 총이 먼저이지만 그에게는 고혈압 약이 먼저이고 총은 그다음이라는 것이다. 이 말을 듣고 그는 그날부터 고혈압 약을 복용했다고 한다.

때로는 충격요법을 쓰는 것이 좋은 반응을 나타낼 때가 있다. 자주 사용하면 안 되지만 급박할 때 사용하는 방법이다. 첫마디에 공포를 느끼게 하거나 손실을 느끼게 하는 경우가 그렇다. 사람들은 위험이나 손실을 피하려는 심리가 있다. 그 심리를 이용하는 것이 대화의 첫마디를 손실을 부각하는 말로 시작하는 것이다.

때로는 은근히 겁을 줘라

졸리면 제발 쉬었다 가세요!

고속도로에 걸려 있는 졸음운전 방지 현수막 문구다. 점잖게 권유한다. 점잖게 말해서 그럴까? 운전자들이 말을 듣지 않았다. 그래서 문구를 바꿨다.

단 한 번의 졸음! 모든 것을 잃습니다.

졸음운전! 영원히 깨지 않을 수도 있습니다.

졸음운전! 종착지는 이 세상이 아닙니다.

겁을 주는 문구다. 이래도 졸음운전을 할 거냐고 으름장을 놓았다. 꼭 그런 것은 아니지만 때로는 겁을 주는 말 한마디가 더 크게 마음에 와닿는다.

고등학교 교실에 걸린 급훈이 재미있다. 공부하지 않으려는 학생들에게 겁을 주며 관심을 유발하는 문구다.

"지금 공부 안 하면 추운 날엔 추운 데서 일하고 더운 날엔 더운 데서 일한다."

66

3장

공감설득 2단계

30초 전략(관심 극대화하기)

99

상대방 관심을 극대화하라.

관심이 극대화되어야 세부설명을 할 수 있다.

어떻게 상대방 관심을 극대화할 것인가?

스토리텔링?

이게 왜

설득에 필요하지?

사소한 것도

스토리가 더해지면

관심이 특별해진다.

스토리를 연결하면
관심이 극대화된다

　30초 전략은 상대방 관심을 최고조로 끌어올리는 '관심 극대화하기' 단계다. 3초 전략에서 잡은 상대방 관심을 30초 전략에서 최고조 단계로 끌어올려 세부 내용을 설명하는 30분 전략으로 연결하는 과정이다. 세부 내용을 효과적으로 설명할 수 있도록 상대방 관심을 극대화하는 과정이 30초 전략이다.

　혹자는 '곧바로 세부 내용을 설명하면 되지 뭐 또 30초 전략이 필요하냐?'고 할지 모르겠다. 물론 상황에 따라 곧바로 세부 내용으로 들어갈 수도 있다. 설득 방법으로 접근하는 경우가 그렇다. 그러나 공감설득 방법은 그렇지가 않다. 상대방이 스스로 생각하고, 결심하고, 움직이게 하려면 상대방 관심을 극대화하는 과정을 거치는 것이 더 효과적이다.

숯불구이 전문식당을 보라. 고기를 양념해서 곧바로 손님 테이블에 내놓지 않는다. 양념한 고기를 냉장고에 넣어 일정 기간 숙성시킨다. 그래야 고기가 더 맛있어지니까. 고기에 양념하는 과정이 3초 전략이라면 그 고기를 더 맛있게 하려고 냉장고에 넣어 숙성시키는 과정이 30초 전략이다.

스토리가 더해지면 관심이 특별해진다

어떻게 상대방 관심을 극대화할까? 어떤 방법으로 접근해야 할까? 그 한 가지 방법이 스토리를 이용하는 것이다. 스토리를 이용해 상대방 관심을 극대화하도록 분위기를 만들어가라.

충무김밥 이야기를 하려고 한다. 김밥 중에서 가장 유명한 김밥이 충무김밥이다. 김밥은 김 위에 밥을 펴놓고 여러 가지 반찬을 넣어 둘둘 말아 먹는 음식이다. 그런데 충무김밥은 일반 김밥과 다르게 김에 반찬 없이 밥만 말려 있다. 손가락만 하게 밥을 말은 김밥에 깍두기와 오징어무침이 따로 나온다.

이런 충무김밥이 어떻게 유명해졌을까? 거기에는 두 가지 스토리가 있기 때문이다. 충무김밥의 유래에 대한 첫 번째 스토리다.

충무는 경남 통영의 옛 이름이다. 지금도 그렇지만 옛날에 통영은 해상 뱃길의 중심지였다. 경남 통영에서 부산을 왕래하는 여객선 안에서 할머니, 아주머니들이 나무 함지박에 김밥과 오징어, 무김치를 승객들에게 주전부리로 팔았는데 이것이 충무김밥이었다. 따뜻한 남쪽 날씨에 김밥이 쉽게 상하사 밥과 반찬을 분리해서 판 것이다.

당시에는 주꾸미와 홍합과 무김치를 대나무 꼬치에 끼워 김밥과 함께 종이에 싸서 팔았는데 출출함도 달랠 수 있고 맛도 좋아서 인기가 높았다. 이후 주꾸미는 구하기 쉬운 오징어로 대체되어 지금까지 이어지고 있다.

충무김밥의 유래에 대한 두 번째 스토리다.

해방 이후 남해안 충무항에서 고기잡이를 나간 남편이 고기를 잡느라 식사를 거르고 술로 끼니를 대신하는 모습을 본 아내가 남편이 안쓰러워 김밥을 만들어준 것에서 시작되었다. 그러나 아내가 싸준 김밥은 남쪽 날씨가 따뜻하다보니 잘 쉬어서 못 먹는 일이 많았다.

그래서 김밥이 쉬는 것을 방지하려고 밥을 반찬과 분리해서 따로 담아주었다. 이후 다른 어부들도 점심과 간식을 밥과 반찬을 따로 담은 김밥으로 해결하게 되었는데 이것이 오늘의 충무김밥이 되었다.

충무김밥에 스토리가 연결되니 관심이 특별해졌다. 충무김밥이 다른 김밥과 차별화되는 것은 이런 스토리가 있기 때문이다. 이 스토리

덕분에 충무김밥은 사람들 마음속에 특별한 김밥으로 기억되어 사랑을 받게 된 것이다. 어쩌면 사람들은 충무김밥을 먹는 것이 아니라 충무김밥에 버무려진 스토리를 먹는 것인지도 모르겠다.

사람들은 스토리에 열광한다. 스토리가 연결되면 없던 관심도 용솟음치는 것이 사람들 심리다. 히찮은 것일지라도 스토리가 디해지면 관심이 극대화된다. 그러나 아무리 유명한 것이라도 스토리가 없으면 관심이 싸늘해진다.

비하인드 스토리를 발굴하라

'뒷이야기, 후문, 뒷담화, 숨은 이야기'의 공통점은 무엇일까? '비하인드(behind) 스토리'를 지칭하는 단어들이다. 비하인드 스토리는 일, 사건, 사람과 관련해 세상에 알려지지 않은 뒷이야기를 말한다. 흔히 '뒷담화'라고 한다.

뒷담화라는 말이 지금은 개인 이야기 또는 남을 험담하는 이야기 등으로 의미가 다소 퇴색되었지만 사람들은 일반적으로 남의 뒷이야기에 관심이 많다. 사람들이 삼삼오오 모여 '연예인 누구누구가 어떻게 되었대'라든가 '친구 누구누구에게 이런 일이 있었대' 등에 대한 이야기로 열을 올리는 경우를 자주 보게 된다. 사람들은 심리적으로 밖으로 알려진 이야기보다 알려지지 않은 숨어 있는 이야기를 더 궁금해하고 관심을 보인다.

다음은 맛집으로 소문난 김천의 한 설렁탕집 이야기다. 내가 직접 찾아가서 확인한 것은 아니다. 나도 다른 사람에게서 전해들은 비하인드 스토리다.

설렁탕집 주인이 설렁탕 국물을 내려고 24시간 동안 큰 가마솥에 뼈를 삶았다. 이렇게 뼈를 삶으면 평상시에는 국물이 뿌옇게 우러나오는데 이날은 그렇지가 않고 누렇더란다. 그래서 뼈를 공급해주는 업자에게 전화해서 따졌더니 그 업자가 '실수로 하급 뼈가 간 것 같다'면서 오늘 하루만 커피에 넣는 프림을 넣어서 장사하라고 하더란다.

이 말을 들은 설렁탕집 주인은 24시간 동안 우려낸 국물을 모두 버린 뒤 가게문에 '오늘은 재료가 나빠서 장사 못합니다'라고 써 붙이고 하루 장사를 쉬었다고 한다.

이 이야기가 진짜인지 아닌지는 모르겠다. 물론 사실을 근거로 이런 입소문이 퍼졌겠지만 만들어진 이야기일지도 모른다. 그러나 사실 여부를 떠나 이 이야기를 듣는 순간 "와, 그 사장님 멋있다. 그 설렁탕집 어디야?" 하는 호기심이 생긴다. 그 음식점이 유명해진 이유 중 하나가 이런 비하인드 스토리 때문은 아니었을까?

우리가 잘 알고 있는 접착식 메모지 '포스트잇(post-it)'을 보라. 포스트잇 탄생 스토리는 다 알고 있지 않은가? 접착력이 강력한 메모지를 개발하다가 직원이 연료 배합을 잘못해서 접착력이 나쁜 불량품이 나와 전량 폐기해야 했다. 그런데 이것을 다른 관점에서 보니 우리가 지금 즐겨 쓰는 포스트잇이 나오게 되었다는 이야기나. 이는 발상의 전환 또는 창조적 접근법을 이야기할 때 자주 활용하는 스토리다.

'손이 가요 손이 가~ 자꾸만 손이 가~' 아마 이 CM송을 모르는 사람은 없을 것이다. 이 CM송을 들으면 딱 떠오르는 상품이 있다. 농심에서 만든 새우깡이다. 새우깡이라는 이름은 어떻게 해서 만들어졌을까? 새우깡이라는 이름은 농심 회장의 딸에게서 영감을 얻었다고 한다. 새우깡은 1971년 탄생했는데 출시를 앞두고 농심 회장이 이름을 어떻게 지어야 하나 고민하고 있었다. 그때 어린 딸이 아리랑 노래를 '아리~깡, 아리~깡'이라고 부르는 데서 영감을 얻어 새우와 깡을 합쳐 새우깡이라고 이름을 지었다고 한다. 서민적이면서도 친근한 이미지를 주는 이 이름이 소비자들로부터 사랑을 받게 되었고, 50년 동안 살아남은 장수 브랜드가 되었다. 마케팅에서 장수 브랜드를 설명할 때 내가 자주 사용하는 새우깡에 얽힌 비하인드 스토리다.

이처럼 스토리를 연결하면 어떤 문제의 세부 내용을 설명하기가 쉬워진다. 스토리로 상대방 관심이 커졌기 때문이다. 또 스토리가 상대방 마음속에 오래 살아남는다. 포스트잇, 새우깡이 우리 마음속에 오래 자리 잡은 것처럼 말이다. 호기심이 발효제로 작용했기 때문이다.

상대방 관심을 극대화하는 방법으로 스토리를 이용하는 것이 있다. 특히 아직 세상에 알려지지 않은 비하인드 스토리를 활용하면 상대방은 금방 내 얘기에 관심을 갖고 따라온다. 상대방 관심을 극대화하려면 스토리를 활용하라.

이야깃거리,
어디서 찾지?
특별한 게 없는데….

특별한 것을 찾지 마라.
친근한 것이 가장 좋은
이야깃거리다.

공감을 불러오는 최고의 무기, 스토리를 활용하라

친숙한 것에서 이야깃거리를 찾아라

내 서재에 꽂혀 있는 책 하나를 소개한다. 제목이 《코카콜라는 어떻게 산타에게 빨간 옷을 입혔는가》라는 책이다. 이 책을 구입하게 된 것은 전적으로 3초 전략 때문이었다. 서점에 들렀을 때 책 제목이 내 눈길을 잡았다. 나로 하여금 '어?' 하는 호기심을 갖게 했다. '산타가 왜 빨간 옷을 입게 되었을까?'라는 호기심을 툭 건드린 것이다. 독자로 하여금 첫 눈길에 책에 대한 강한 호기심을 갖도록 전략적으로 선택한 책 제목이었다. 3초 전략이다.

책을 집어 들었다. 그다음 순서는 무엇인가? 궁금증을 극대화하는 30초 전략이다. 책 제목에 호기심이 발동한 나를 책 안으로 강제로 끌고 들어갔다. 그 방법으로 친근한 산타 이야기를 끌어들였다. 책에서는 산타클로스의 옷 이야기를 한다.

우리가 당연하게 생각하고, 또 당연한 것으로 받아들이는 산타클로스의 빨간 옷에 대해 '산타클로스는 왜 빨간 옷을 입고 있느냐?'는 돌발적인 질문을 한다. 옛날의 산타클로스 모습은 지금 우리가 알고 있는 빨간 옷을 입은 산타클로스가 아니었다고 한다. 옛날에는 산타클로스가 지역마다 각기 다른 모습을 하고 있었다. 산타클로스가 키가 크고 홀쭉한 남자이기도 하고, 동물 가죽을 두른 성직자이기도 하는 등 다양한 모습으로 소개되고 있었다. 그런 산타클로스가 지금의 빨간 옷과 흰 수염을 가진 친근하면서도 약간은 통통한 할아버지가 된 것은 1930년대 코카콜라 광고를 통해서였다.

1931년 코카콜라는 겨울철 콜라 판매량이 급감하자 이를 타개하기 위해 하나의 전략을 짰다. 코카콜라의 이미지를 산타클로스에게 입히기로 한 것이다. 코카콜라를 '겨울에도 상쾌하게 마실 수 있는 갈증 해소 음료'로 홍보하기 위해 겨울의 대명사인 산타클로스를 선택했다. 코카콜라 로고의 빨간색과 콜라의 거품색인 흰색을 산타클로스에게 입혔다. 산타클로스에게 빨간 옷을 입히고 얼굴에는 흰 수염이 난 인자하고 온화한 모습으로 만들어 백화점 등에 대대적으로 홍보했다. 또 빨간 옷을 입은 흰 수염의 산타클로스 할아버지가 크리스마스 선물을 주러 왔다가 냉장고 문을 열어 콜라를 벌컥벌컥 들이키거나, 아이들의 우유와 과자를 장난스럽게 뺏어 먹는 친구 같은 친근한 할아버지 이미지를 담은 광고를 내보내기 시작했다. 지금의 산타클로스 모습은 그렇게 해서 만들어졌다.

《코카콜라는 어떻게 산타에게 빨간 옷을 입혔는가》라는 책의 저자가 바라는 궁극적인 목적은 무엇인가? 최종적 목적은 독자로 하여금 이 책을 구입하게 하는 것이다. 이 책을 통해서 저자가 말하고자 하는 내용을 독자에게 설명하려는 것이 저자의 궁극적 목적이다. 다시 말하면 이 책의 핵심 내용인 브랜드가 왜 중요한가, 브랜드 가치를 만들려면 어떻게 해야 하는가, 코카콜라는 어떻게 세계 최고 브랜드를 만들었는가에 대한 이야기를 하나하나 독자에게 설명하려는 것이다. 이 책에서 담고 있는 브랜드에 관한 세부 내용을 설명하기 위해서 독자의 관심을 극대화하는 30초 전략으로 우리에게 친근한 산타클로스와 코카콜라 이야기를 끌어들였다.

상대방으로 하여금 내가 하는 이야기에 귀를 기울이게 하려면 어떻게 해야 할까? 상대방이 딴생각을 하지 않고 내가 말하는 것에 집중해서 따라오게 하려면 어떻게 해야 할까? 친근한 이야기를 꺼내라. 우리 주변의 친숙한 것에서 이야기 소재를 찾으라는 말이다.

생뚱맞은 낯선 이야기보다는 산타클로스 이야기와 같이 우리가 잘 알고 있는 친근한 이야기를 하는 것이 상대방이 내 말에 귀를 기울이게 하고 또 끝까지 내 이야기를 따라오게 하는 방법이다. 궁금증을 극대화하는 30초 전략에서는 잘 알고 있는 친근한 것에서 이야기 소재를 선택하는 것이 좋다.

성공 스토리를 먼저 꺼내라

이야기에는 두 종류가 있다. 하나는 내가 하고자 하는 이야기이고 다른 하나는 상대방이 듣고자 하는 이야기다. 내가 하고자 하는 이야기를 하면 상대방은 외면을 하고 상대방이 듣고자 하는 이야기를 하면 상대방은 반색을 한다.

몇 년 전 귀촌학교에 참석한 적이 있다. 농촌 출신인 나는 은퇴 후 귀촌하는 것이 꿈이다. 그래서 귀촌에 성공하려면 무엇을 어떻게 준비해야 하는가에 대한 정보를 얻고 싶어 귀촌학교에 참석했다. 교육이 시작되자 한 사람이 나와서 자신의 귀촌 성공담을 이야기했다.

"요즘 살맛납니다. 매일 아침 꿈인가 싶죠."

그의 성공 이야기의 첫마디였다. 그는 28년간 직장생활을 하다가 퇴직 후 5년 전 귀촌했다. 서울에서 2시간 정도 거리이고, 주변 경관이 좋아 지금 살고 있는 홍천으로 귀촌 장소를 정했다. 처음부터 민박을 할 생각은 아니었다. 텃밭에 채소들을 심는 것으로 귀촌생활을 시작했다. 텃밭에 심은 채소들이 돈 한 푼 들이지 않고 훌륭한 유기농 밥상을 차려주었다.

어느 정도 시간이 지나면서 차츰 시골생활에 익숙해지자 특별히 농사짓는 기술이 없던 부부는 비어 있는 아래채를 수리해 민박을 운영해보기로 했다. 쓰지 않는 공간이 아깝기도 했고 또 바로 가까이에

계곡이 있어 여름이면 많은 사람이 찾아오는 곳이라 부수입을 기대할 수 있었기 때문이다.

민박을 시작하자 자녀들이 SNS를 통해 홍보를 해주었고 또 한 번찾은 손님들이 입소문을 내주면서 휴가 때는 예약이 꽉 찰 정도였다. 적적한 시골에서 새로운 사람들을 만나는 즐거움이 크기도 하고 인생 후반기를 욕심내지 않고 자연 속에서 소박하게 여유를 즐기며 살고 있어 지금이 그 어느 때보다 행복하다면서 이야기를 마무리했다.

내가 듣고자 한 것은 귀촌에 성공한 이야기였다. 실패한 이야기보다는 성공한 사람의 이야기를 더 듣고 싶었다. 그의 성공 이야기를 통해 앞으로 내가 귀촌하려면 무엇을 어떻게 준비해야 하는지에 대한 정보를 얻을 수 있었다.

상대방 관심을 극대화하는 30초 전략에서 기억해야 할 사항이 있다. 듣고자 하는 이야기와 하고자 하는 이야기는 분명 다르다는 사실이다. 하고자 하는 이야기는 내 입장에서의 이야기다. 듣고자 하는 이야기는 상대방 입장에서의 이야기다. 상담의 관심을 극대화하려면 내 입장에서 하고자 하는 이야기가 아니라 상대방 입장에서 듣고자 하는 이야기를 해야 한다.

초등학교 학생들에게 듣고 싶은 이야기와 듣기 싫은 이야기를 종이에 적어보라고 했다. 초등학생들이 종이에 적은 내용 '베스트 3'을 정리하면 이렇다. 듣고 싶은 이야기는 칭찬, 숙제 없다는 이야기, 강아지 사준다는 이야기였다. 듣기 싫은 이야기는 혼내고 야단치는 것, 공부하라는 잔소리, 학원 가라는 말이었다.

초등학생이 좋아하는 이야기는 초등학생이 듣고자 하는 이야기다. 반면 초등학생이 싫어하는 이야기는 엄마가 하고자 하는 이야기다. 엄마 중심 이야기는 초등학생도 싫어한다. 상대방의 관심을 극대화하는 30초 전략에서는 내가 하고자 하는 이야기를 하는 것이 아니라 상대방이 듣고자 하는 이야기를 해야 한다.

성공 이야기가 먼저, 실패 이야기는 나중이다

전국 5대 빵집에는 고객들이 줄을 서게 하는 대표 빵이 있다.

군산 이성당: 단팥빵

대전 성심당: 튀김 소보로빵

전주 풍년제과: 초코파이빵

광주 궁전제과: 공룡알빵

안동 맘모스제과: 크림치즈빵

이 빵집들을 유명하게 만든 대표 빵들이다. 이 빵집에는 이 빵들만 있는 것이 아니다. 다른 빵들도 많다. 그런데 고객들이 이 빵집을 줄을 서서 찾는 것은 대표 빵 때문이다. 대표 빵이 있기에 다른 빵들도 팔리는 것이다.

상담에서도 마찬가지다. 유명한 빵집에는 손님을 끌어들이는 대표 빵이 있는 것처럼 상담에서는 상대방 관심을 끌어들이는 대표적 이야기가 있어야 한다. 그것이 성공 스토리다. 사람들은 성공 스토리를 듣고 싶어 한다. 그러고 나서 다른 이야기에 관심을 갖게 된다.

음식에 주 메뉴가 있고 보조 메뉴가 있듯이 이야기에도 주 메뉴가 있고 보조 메뉴가 있다. 주 메뉴는 성공 스토리, 보조 메뉴는 실패 스토리다.

실패 이야기는 주 메뉴가 아니라 보조 메뉴다. 실패 이야기는 상대방 관심을 극대화하는 30초 전략에서보다는 세부 내용을 설명하는 30분 전략에서 다루어야 할 이야기다. 꼭 성공만 있는 것이 아니라 때로는 실패도 할 수 있다는 것을 설명할 때 꺼내는 사례 중 하나로 활용한다. 조심해야 할 내용, 간과해서는 안 되는 주의사항, 경계해야 할 것을 보충적으로 설명할 때 사용하는 소재가 실패 이야기다.

생존욕구?

가치욕구?

어떤 욕구에 호소할까?

가치욕구를 자극하라.

가치를 느껴야

세부 내용에 관심을 갖는다.

가치를 제시하면
없던 관심도 솟아난다

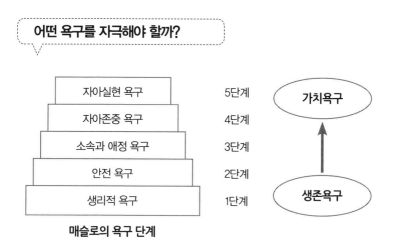

어떤 욕구를 자극해야 할까?

자아실현 욕구	5단계	가치욕구
자아존중 욕구	4단계	
소속과 애정 욕구	3단계	
안전 욕구	2단계	
생리적 욕구	1단계	생존욕구

매슬로의 욕구 단계

　미국의 심리학자 매슬로(Maslow)의 욕구 단계론이 있다. 사람은 누구나 다섯 가지 욕구를 가지고 태어난다. 첫 번째 생리적 욕구부터 다섯 번째 자아실현 욕구까지 우선순위가 단계별로 구분된다.

　첫 번째 단계는 생리적 욕구다. 숨 쉬고, 먹고, 자고, 입는 등 생활을 위한 가장 기본적인 욕구다.

두 번째는 안전 욕구다. 신체적·감정적·경제적 위험에서 보호받고 싶은 욕구다.

세 번째는 소속과 애정의 욕구다. 누군가를 사랑하고, 어느 한곳에 소속되고, 가족을 이루고 싶은 욕구 등이 여기에 해당한다.

네 번째는 자아존중 욕구다. 흔히 말하는 명예욕, 권력욕 등이 여기에 해당한다.

다섯 번째는 자아실현 욕구로 최고 수준의 욕구다. 자기 발전을 이루고 잠재력을 끌어내고자 하는 욕구다.

여기서 한 가지 궁금증이 생긴다. 사람 마음을 움직이려면 어떤 욕구를 자극해야 할까? 1단계 생리적 욕구를 건드려야 할까? 아니면 5단계 자아실현 욕구를 자극해야 할까? 특히 상대방 관심을 극대화하는 30초 전략에서는 어떤 욕구를 자극해야 효과적일까?

"에이, 몰라. 머리 아파!"

도망가지 마라. 도망간다고 해결될 일이 아니다. 사람을 상대로 하는 일은 그렇게 감각적으로 접근하면 안 된다. 좀더 체계적으로 접근해야 한다.

상대방이 내가 하는 말에 관심을 갖게 하려면 먹고사는 문제에 대한 생존 욕구보다 잠재력을 극대화해 사람답게, 나답게 살고자 하는 가치 욕구를 자극해야 한다.

사람은 가치에 따라 움직인다

아내와 함께 대형마트에 쇼핑하러 갔다. 생선코너에 갔더니 생선마다 가격표가 있는데 고등어 가격을 나타내는 푯말이 이렇게 붙어 있었다.

"고등어 1마리 3,000원."

"고등어 1마리 4,000원."

아내가 담당직원에게 물었다.

"왜 이 고등어는 3,000원이고 저 고등어는 4,000원이에요?"

그랬더니 담당직원이 덤덤하게 대답했다.

"물이 좋냐 안 좋냐 차이죠. 뭐."

생선이 싱싱한지 그렇지 않은지에 따라 가격이 다르다는 말이었다. 아내는 3,000원짜리 고등어를 선택했다. 어느 고등어가 물이 좋은지 안 좋은지 구분할 수 없었기 때문이다.

생선을 산 뒤 다른 코너로 가려다가 발걸음을 멈췄다. 다른 사람들은 주로 어떤 고등어를 선택할까 하는 호기심이 생겼기 때문이다. 궁금증 반, 호기심 반이 발걸음을 잡은 것이다.

한참 서서 지켜보니 사람들이 대부분 3,000원짜리 고등어를 집어들었다. 4,000원짜리 고등어를 사야 할 이유를 찾지 못했기 때문이리라.

일주일 뒤 다시 마트를 찾았는데 생선코너에 사람들이 북새통을 이루고 있었다. '뭔 일이야' 하는 생각에 가까이 가봤더니 이게 웬일인가? 사람들이 고등어를 사려고 난리법석이었다.

"싱싱한 고등어 1마리 3,000원."

"머리가 좋아지는 고등어 1마리 4,000원. 수험생 학부모님께 적극 추천."

주부들이 너도나도 쇼핑카트에 고등어를 담고 있었다. 일주일 전과 달라진 것은 아무것도 없었다. 딱 한 가지, 고등어 가격을 알려주는 푯말만 바뀌어 있었다.

등푸른 생선이 머리에 좋다는 것은 다 아는 사실이다. 이 점에 착안해 '등푸른 생선이 집중력을 높인다'는 콘셉트로 접근해서 새로운 가치를 만들어준 것이다.

가치를 먼저 부각하라

4,000원 고등어의 뒤집기 한판 현상을 보면서 머릿속에 이야기 한 토막이 떠올랐다. 언젠가 인터넷에서 본 내용이다. 대학입시에서 자녀를 서울대학교에 합격시킨 어머니가 인터넷 중고장터에 광고 글을 올렸다. 아들이 대학교에 들어가서 새 책상으로 바꿔주려고 하는데

기존 책상을 버리기가 아까워 필요한 사람이 가져갔으면 하는 마음에 글을 올린 것이다.

"고 3 아들이 쓰던 책상입니다. 상태는 양호합니다. 공짜로 드립니다. 필요하신 분 연락주세요. 010-5678-○○○○."

자녀가 사용하던 책상을 공짜로 준다고 했다. 책상 상태도 괜찮다고 했다. 그러나 일주일이 지나고 보름이 지나도록 전화 한 통 오지 않았다. 도대체 왜 전화 한 통 없었을까? 그것도 공짜로 준다는데…. 그런데 전화가 걸려왔다. 광고 문구를 이렇게 바꿔보라는 전화였다.

"서울대 합격을 배출한 책상입니다. 공짜로 드립니다. 필요하신 분 연락주세요. 010-5678-○○○○."

이 광고를 올리자마자 전화통이 불이 나게 여기저기서 전화가 걸려왔다. 멀리 제주도에 사는 사람도 전화했다. 책상을 자기에게 달라는 것이었다. 이미 다른 사람이 가져갔다고 하자 전화기에서 깊은 한숨이 들려오기도 했다.

두 가지 경우를 보라. 안 팔리던 4,000원짜리 고등어가 불티나게 팔려나갔다. 중고 책상을 공짜로 준다고 했는데 전화 한 통 없다가 갑자기 서로 달라고 난리가 벌어졌다. 왜 이런 일이 일어났을까? 한마디로 '가치' 때문이었다. 가치에 따라 사람들 반응이 달라진 것이다.

공감하는 가치를 만들어라

사람의 마음을 움직이려면 접근하는 순서를 바꿔야 한다. 팩트를 앞세우지 말고 가치를 앞세워라. 팩트보다 가치를 먼저 부각하라. 팩트를 먼저 설명하려는 사람은 설득하려고 덤비는 사람이다. 가치를 먼저 부각하는 사람은 공감하게 하려고 하는 사람이다.

솔직히 사람들은 팩트에는 관심이 없다. 아니 팩트를 들으려고 하지도 않는다. 가치가 느껴지기 전까지는….

한 증권회사 지점장이 들려준 이야기다. 잘나가는 모 그룹 회장을 찾아갔다. 1대 아버지가 회사를 키워서 회장이 되었고 지금은 2대 아들 둘이 회사 경영을 잘하고 있는 그룹이다. 지점장이 회장을 찾아간 이유는 금융상품을 회장에게 소개하고 상품 가입을 권유하기 위해서였다.

"이 금융상품의 특징은 이렇습니다.

첫째, 이율이 높습니다.

둘째, 세제 혜택이 있습니다.

셋째, 오래 유지할수록 더 좋습니다."

이렇게 상품에 대한 구체적인 설명을 하는 것이 그가 회장을 찾은 궁극적 목표였다. 그는 고민했다. 어떻게 하면 회장으로 하여금 그가 제시하는 상품에 관심을 갖게 할 것인가? 그래서 비장의 무기를 하나 준비했다. '3대 부자론'이라는 것이었다.

> **"우리나라는 부자가 3대를 가지 못한다고 하잖아요. 3대가 부자로 사셔야죠.**
> **제가 그 비법을 연구해왔는데 한번 들어보실래요?"**

'3대 부자론'이라는 새로운 가치를 회장에게 제시했다. 그랬더니 회장의 관심이 달라졌다. "그래요? 어디 한번 들어봅시다"라고 하면서 구체적인 설명을 요구하는 것이었다. 그는 회장에게 고액의 금융 상품 판매에 성공할 수 있었다.

상대방이 해결해야 할 문제에 대한 구체적인 해결 방법을 설명하는 것이 상담에서 궁극적인 목표요, 최종 목적지다. 그러나 상대방이 구체적인 해결 방법에 대한 설명을 듣게 하려면 먼저 해야 할 것이 있다. '3대 부자론'과 같이 공감하는 가치를 먼저 제시해야 한다는 것이다. 그래야 세부 내용을 듣고자 하는 마음이 생긴다. 가치가 부각되면 없던 관심이 생긴다. 가치에 꽂히면 팩트 쪽으로 관심이 쏠린다. 가치를 느껴야 비로소 팩트를 듣고자 하는 마음이 생기게 된다.

'니즈'를 보고 '문제'를 건드려라?

니즈는 뭐고,

문제는 뭐야?

'니즈'는 겉으로 드러난 것,

'문제'는 안에 감추고 있는 것.

반드시 풀어줘야 할 숙제가 '문제'다.

니즈를 찾아
문제를 건드려라

'빙산의 일각'이라 한다. 대부분 숨겨져 있고 겉으로 나타난 것은 극히 일부분에 지나지 않는다는 것을 비유적으로 표현할 때 쓰는 말이다. 빙산을 보라. 겉으로 나타난 부분은 일부분이고 물속에 잠겨 있어 보이지 않는 부분이 훨씬 더 많다.

사람 마음 또한 그렇다. 겉으로 보여주는 것은 극히 일부분에 지나지 않는다. 겉으로 나타내지 않고 가슴속 깊이 숨겨놓은 부분이 훨씬 더 많다.

30초 전략, 즉 상대방 관심을 잡아서 이 관심을 극대화하는 단계에서는 상대방이 풀어야 할 문제를 건드리는 것이 중요하다. 그 방법 중 하나가 상대방 관심사를 찾아 그 안에 숨겨진 고민거리를 건드리는 것이다.

겉으로 드러난 관심사를 나는 '니즈(needs)'라고 한다. 상대방이 가지고 싶거나 누리고자 하는 욕구다. 그리고 그 관심사 속에 숨겨져 있는 고민거리를 나는 '문제'라고 한다. 상대방 마음속에 꼭꼭 감춰두고 있는 풀어야 할 숙제다.

당신은 언제 관심이 극대화되는가? 내가 이미 밖으로 드러내놓은 니즈를 건드릴 때인가, 아니면 내 마음속에 꼭꼭 숨겨놓고 혼자 끙끙대는 문제를 건드릴 때인가?

물론 겉으로 드러난 니즈를 건드릴 때 관심이 고조되기도 하지만 그보다는 마음속에 숨겨두고 혼자 끙끙대는 문제를 건드릴 때 더 예민하게 반응하게 된다. 상대방 관심을 극대화하려면 니즈를 찾아 풀어야 할 문제를 건드릴 줄 알아야 한다.

사람마다 관심사가 다르다

한 케이블 텔레비전에서 재미있는 조사를 했다. 남자와 여자의 연령별 관심사가 어떻게 다른지 조사한 것이다.

여자의 연령별 관심사
10대: 연예인

(오늘은 오빠들에게 무슨 일이 일어났는지 체크하는 것이 하루 중 기쁨이다.)

20대: 옷과 화장품, 명품

(그리고 그것을 사줄 수 있는 남자. 아무리 관심이 있어도 사지 못하면 말짱 꽝이다.)

30대: 피부 관리

(피부과, 성형외과를 통한 늙지 않는 방법이다. 한번 망가진 피부는 되돌릴 수 없기 때문이다.)

40대: 재테크

(쥐꼬리 같은 남편 월급으로 이만큼 살게 된 것도 자기 재테크 덕분이라 생각한다.)

50대: 자랑

(남편 자랑, 아들 자랑, 딸 자랑, 집 자랑, 돈 자랑, 화장품 자랑, 헬스장 자랑 등 닥치는 대로 자랑한다.)

60대: 건강

(얘기하다보면 의사는 아니지만 각자 아는 상식으로 처방을 내려준다.)

남자의 연령별 관심사

10대: 게임

(누군가 나보다 높은 점수가 나왔다는 소식을 들으면 잠자고 있던 승부욕이 벌떡 일어난다.)

20대: 군대와 취업

(군대에 가보니 그동안 술만 먹었지 배운 지식이나 기술도 없다는 것을 깨닫는다.)

30대: 결혼과 집 장만

(돈이 없어 부모님께 부탁했지만 얄짤없다.)

40대: 명퇴와 정력

(20대의 열정도 30대의 끈기도 없다. 믿는 것이라고는 보양식뿐이다.)

50대: 이혼

(이혼하려는 것이 아니라 이혼당하지 않으려는 것이다.)

60대: 애완견

(집에 돌아와도 나를 반겨주는 것은 애완견밖에 없다.)

사람마다 관심사가 다르다. 따라서 상대방 관심을 집중하게 하려면 먼저 상대방의 라이프 스타일을 연구해야 한다. 즉 상대방 관심사를 찾는 일부터 해야 한다.

그러고 나서 다음 단계로 상대방의 라이프 스타일에 맞춘 해결책을 제시하는 것이 좋다. 이러한 과정을 나는 한마디로 '니즈'를 찾아 '문제'를 건드리라고 말한다.

해결해야 할 문제를 건드려라

식당 사장을 대상으로 'SNS 마케팅' 강의를 할 때 있었던 일이다.

식당 사장에게 지금은 SNS(소셜 네트워크 서비스)가 없으면 못 사는 세상이다. 따라서 식당을 홍보하는 데 SNS를 적극적으로 활용할 줄 알아야 한다고 강조한들 식당 사장들은 관심이 없었다. 식당 사장들의 관심사 밖이었기 때문이다. 식당 사장에게 SNS는 우선순위에 없었다. 식당 사장의 최우선 관심사는 돈을 많이 버는 것이었다. 그래서 식당 사장들을 대상으로 하는 'SNS 마케팅' 접근 방법을 바꾸었다.

나: 사장님, 식당을 경영하시는 궁극적인 목적이 무엇입니까?

식당 사장 1: 돈 많이 버는 거요.

식당 사장 2: 저녁에 장사 마감하고 오늘 장사한 돈 세다 억하고 죽는 거요.

나: 그렇죠. 다르게 표현하면 '가게 앞에 줄 세우는 것'이죠.

장사가 잘되는 대박식당을 보라. 손님들이 식당 앞에 장사진을 치고 기다린다. 골목에 손님들이 꼬불꼬불 줄을 서서 기다린다. 대박식당에는 가장 중요한 핵심요소가 있다. 그것은 음식 맛이다. 이 식당의 음식 맛은 어디에서도 맛볼 수 없기에 식당 앞에 장사진을 치고 기다리는 것이다. 그래서 다시 물었다.

나: 그러면 음식 맛은 누가 만듭니까?

식당 사장 3: 주방장이 만듭니다.

식당 사장 4: 제가 만듭니다.

나: 틀렸습니다. '네이버 맛집'에서 만듭니다.

낯선 곳을 여행할 때를 생각해보라. 그 지역에서 유명한 맛집을 찾을 때 사람들이 제일 먼저 꺼내는 것이 있다. 바로 휴대전화다. 그리고 휴대전화로 검색을 한다. 그 지역에서 유명한 맛집을 가르쳐달라고….

내가 이렇게 설명하자 식당 사장들의 눈빛이 달라졌다. 관심이 끌려오는 것을 느낄 수 있었다. 니즈를 찾아 문제를 제기했더니 일어난 일이다.

식당 사장의 최고 관심사는 돈을 많이 버는 것이다. 그런데 그렇게 돈을 많이 벌려면 먼저 해결해야 할 문제가 무엇일까? 남들에게 말 못하고 혼자 끙끙 앓고 있는 문제는 무엇일까? 식당 홍보 방법이다. 겉으로 드러난 니즈는 '돈 많이 버는 것', 그 안에 숨겨진 해결해야 할 문제는 '홍보 방법'이다.

30초 전략은 상대방으로 하여금 내 얘기를 듣고자 하는 관심을 극대화하는 과정이다. 상대방이 내 얘기를 듣고 싶게 만들려면 겉으로 드러난 상대방의 니즈를 찾아 그 안에 꼭꼭 숨겨져 있는, 해결해야 할 문제를 건드리는 것이 효과적이다. 나는 이것을 '니즈를 찾아 문제를 건드려라'라고 말한다.

여기서 한 가지 기억해야 할 점이 있다. 니즈 속에서 어떻게 숨겨진 문제를 읽을 수 있느냐는 것이다. 사람들은 자기 문제를 자발적으로 드러내려 하지 않는다. 특히 단점이나 약점 등과 같이 밖으로 드러났을 경우 자기에게 손해가 되거나 부끄러운 것이면 되도록 밖으로 드러나지 않게 꼭꼭 숨기려고 한다. 빙산의 일각처럼 말이다.

겉으로 드러난 것은 극히 일부분이고 진짜 중요한 문제는 마음속에 꼭꼭 숨겨놓고 있는 것이다. 그런 문제를 어떻게 찾을 수 있을까? 그것은 그 사람의 라이프 스타일을 들여다보면 가능해진다.

앞에서 라이프 스타일을 분석해보았더니 연령별 관심사가 다르고 남자와 여자의 관심사가 다르다는 것을 알 수 있었듯이, 상대방의 라이프 스타일을 가만히 들여다보면 그가 마음속에 숨겨놓고 있는 진짜 문제가 무엇인지 찾을 수 있게 된다. 성공적인 상담을 위해서는 니즈를 찾아 그 안에 숨겨진 문제를 건드릴 줄 알아야 한다. 그러기 위해서 상대방의 라이프 스타일을 연구하는 것은 기본 중의 기본이다.

상대방을
빨리 내 편으로
만드는 방법은?

배려의 마음을 보여줘라.
배려가 상대방 마음을
헤집고 들어간다.

말 속에
배려하는 마음을 담아라

부부싸움을 해본 적 있는가? 친한 사람과 말다툼해본 적 있는가? 아니면 주변 사람들에게 삐치거나 서운하다고 느껴본 적 있는가? 무엇 때문에 부부싸움을 했는가? 무엇 때문에 말다툼하거나 서운해서 삐치게 되었는가? 큰 문제 때문에 그랬는가? 아니다. 아주 사소한 것 때문이었다. 별것도 아닌 조그마한 것 때문에 부부싸움을 하거나 말다툼을 했다.

내가 서운하게 느끼거나 격하게 되었을 때를 생각해보라. 누구 관점일 때 그런 감정을 가지게 되었는가? 내 관점에서 바라볼 때 그런 현상이 일어났다. 상대방 관점이 아니라 내 관점으로 접근했기 때문에 조그마한 일로 상처를 받고 부부싸움을 하거나 말다툼을 했다.

상담할 때도 마찬가지다. 아무것도 아닌 말 한마디에 상대방은 삐치거나 격한 감정을 느끼게 된다. 바로 나 중심으로 내 관점에서 말할 때 이런 일이 일어난다. 내가 하는 말 속에 배려가 없기 때문이다. 그러면 상대방 또한 나에 대한 배려가 없어진다.

배려가 뜨거운 반응을 일으킨다

'무더위 쉼터'를 아는가? 여름에 횡단보도 주변에 설치되어 있는 간이 그늘막을 일컫는 말이다. 횡단보도 신호를 기다릴 때 잠시 이 그늘막 안에서 뜨거운 햇볕을 피하라고 설치해놓은 간이 쉼터다.

언제부터인가 횡단보도 주변에 무더위 쉼터가 하나둘 설치되더니 지금은 대세가 되었다. 여름만 되면 각 지자체에서 경쟁하듯이 너도 나도 다투어 설치한다. 왜 지자체에서는 많은 예산을 들여가면서 경쟁하듯이 무더위 쉼터를 설치할까? 시민들의 반응이 뜨거웠기 때문이다. 시민들이 이 무더위 쉼터에 열렬한 응원의 박수를 보냈기 때문이다.

무더위 쉼터에는 배려의 마음이 담겨 있었다. 지자체가 시민들을 생각하는 배려의 마음이 담겨 있다. 시민들은 무더위 쉼터에 담긴 '잠시 무더위를 피해 가라'는 배려의 마음을 읽었기 때문에 열렬한 응원을 보낸 것이다.

공무원의 눈으로 볼 때는 이것이 보이지 않았다. 그러나 시민우선주의로 생각하는 시민의 눈으로 보니 이 무더위 쉼터가 보였다. 무더위 쉼터에 시민을 생각하는 배려의 마음을 담았더니 시민의 반응이 뜨거웠던 것이다.

배려는 '짝 배(配), 생각할 려(慮)'가 결합된 단어다. 짝의 마음으로 다른 사람을 생각하는 것이 배려라는 얘기다. 가장 가까운 사람이 단짝이라고 할 수 있다. 단짝은 자기를 생각하기보다는 상대방을 먼저 생각한다. 그래서 가까운 사이가 되었다. 어떤 경우든 배려가 사람 마음을 움직인다.

누구 중심으로 접근하나?

'패션가의 전설'로 통하는 '노라노'라는 사람이 있다. 본명은 노명 자로 우리나라 최초의 패션 디자이너다. 우리나라 패션 디자이너 중 해외 유학파 1호이기도 하다. 우리나라 최초로 패션쇼를 열었고 우리나라에서 처음으로 미니스커트를 유행시켰다. 이 패션가의 전설로 통하는 사람이 이렇게 말했다.

"사람들을 보면 옷을 잘 입는 사람이 있고, 옷을 잘 못 입는 사람이 있다. 옷을 입었을 때 그를 보는 사람들의 시선이 그 사람 옷에 꽂히면 그 사람은 옷을 잘 못 입는 사람이다. 반면 사람들 시선이 그 사람 얼굴에 꽂히면 그 사람은 옷을 잘 입는 사람이다."

이 말을 상담에 적용해보면 어떻게 될까? 이렇게 바뀌지 않을까?

"내 중심으로 접근하면 그 사람은 잘못 접근하는 것이다. 반면에 상대방 중심으로 접근한다면 그 사람이 제대로 접근하는 것이다."

상담할 때 내 중심 언어로 한다면 그 사람은 잘못 접근하고 있다는 것이다. 반면 상대방 중심 언어로 상담한다면 그 사람은 제대로 접근하고 있다는 말이다.

배려의 말 속에 울림이 있다

"어머니, 괜찮으시겠어요?"

한 어린이집 원장이 학부모와 입소 면담을 하면서 던진 첫마디였다. 3초 전략이다. 상대방 관심을 잡기 위한 한마디다. 상대방 관심을 잡은 후 자기가 진짜 하고자 하는 이야기로 대화를 이끌어가려고 전략적으로 던진 첫마디다.

이 어린이집은 지역주민의 커뮤니티에서 학부모들에게 좋은 평가를 받고 있었다. 영유아 자녀를 둔 많은 어머니가 이 어린이집에 자녀들을 맡기려고 너도나도 입소대기를 신청해놓고 기다릴 정도로 인기가 높았다. 이 어린이집 원장이 학부모와 입소 상담을 하는 장면을 잠깐 들여다보자.

원장: 어머니, 괜찮으시겠어요?

학부모: 무슨 말씀이신지?

원장: 지금 살고 계시는 곳이 저희 어린이집과는 거리가 조금 있는 것 같아서요.

학부모: 예, 거리가 조금 멀기는 한데 여기 어린이집이 하도 좋다고 소문이 나서요.

원장: 아, 그러셨군요. 감사합니다.

학부모: 그런데 왜요? 무슨 문제라도?

원장: 아닙니다. (잠시 뜸을 들이더니) 어머니, 오해하지 마시고 들어주셨으면 합니다. 저로서는 영유아를 한 명이라도 더 많이 받는 것이 좋답니다.

이렇게 말하면서 원장의 설명이 이어졌다. 어린이집에서는 영유아를 한 명이라도 더 많이 받는 것이 어린이집 운영에 도움이 된다고 했다. 그렇지만 자기는 어린이집을 생각하기에 앞서 학부모 처지를 먼저 생각한다고 했다.

원장이 고민하는 문제는 어린이집과 영유아가 살고 있는 집의 거리가 꽤 있다는 것이었다. 물론 자동차로 이동하면 금방이라 할 수 있지만 어린이집에 자녀를 하루 이틀 맡길 것도 아니지 않은가?

아침, 저녁으로 적어도 3년 이상 자녀를 데리고 어린이집에 와야 하는데 비가 오거나 눈이 올 때가 문제라는 것이다. 불편할 뿐만 아니라 여간 힘든 일이 아니라는 얘기였다.

학부모: 그렇긴 하지만 여기만큼 평이 좋은 곳이 없어서요.

원장: 아니에요. 어머님. 어린이집이 다 거기서 거기랍니다. 저희도 열심히 노력하지만 지금 살고 계시는 집 근처에도 좋은 어린이집이 많아요. 괜찮으시다면 집 근처 어린이집 중에서 믿고 맡길 수 있는, 저희보다 더 좋은 어린이집을 알려드릴까요?

학부모: (잠시 주저하더니) 아니에요. 전 여기 어린이집으로 할래요. 원장님 설명을 들으니 여기 어린이집으로 해야겠다는 생각이 더 강해졌어요.

원장의 말에는 배려의 마음이 담겨 있었다. 자기 처지를 먼저 생각하는 것이 아니라 학부모 처지를 먼저 생각하는 배려의 마음이 들어 있었다.

원장과 상담하면서 학부모가 읽은 것은 원장의 그런 마음이었다.

그 학부모는 "왜 이 어린이집이 학부모들에게 그렇게 좋은 평을 받는지 그날 면담으로 알았어요"라고 말했다.

말 속에 배려하는 마음을 담아라. 배려하는 말은 나 중심이 아니라 상대방 중심의 말이다. 내 처지에서 언어를 선택하고 내 상황을 내세우는 말이 아니라 상대방 중심에서 언어를 선택하고 상대방 처지에서 말하는 것이 배려하는 말이다.

말 속에 배려하는 마음을 담으면 울림이 커진다. 배려가 상대방 마음에 강하게 헤집고 들어가 상대방으로 하여금 마음이 빨리 변하게 만들기 때문이다.

상대방의 관심을
쉽게 끌어들이는
방법은?

비유를 활용하라.
고개가 끄덕여지고
세부 내용이 궁금해진다.

산뜻한 비유로 시작하면
핵심 내용이 궁금해진다

상담을 잘하는 사람을 보면 비유의 달인이다. 상담 중 요소요소에 적절한 비유를 활용한다. 자신이 생각하는 것을 비유를 들어 정확하고 강렬하게 전달한다. 그의 말을 들으면 무릎을 탁 치게 된다. 나도 모르게 고개가 끄덕여지고 저절로 행동과 결심이 바뀌게 된다.

30초 전략, 즉 상대방 관심을 극대화하는 단계에서 비유를 적극적으로 활용해보자. 비유는 상대방 호기심을 자극한다. 상대방 생각이 깨어나게 한다. 내가 전달하려는 말의 깊이와 임팩트가 강하게 느껴지게 한다.

비유를 생각하면 항상 이 광고가 떠오른다. 광고에서 아빠가 일곱 살 딸에게 묻는다.

"우리 딸은 사랑이 뭐라고 생각해?"

그림 그리기에 열중하던 딸이 잠시 멈칫하다가 이렇게 대답한다.

"사랑? 음… 치킨 먹을 때 닭다리 두 개 다 아빠 주는 거."

무릎을 탁 치게 하는 명언이다. 어떻게 일곱 살짜리 아이에게서 이런 대답이 나올 수 있을까? 아이 눈높이에서 가장 좋아하는 치킨, 그중에서도 제일 먼저 먹고 싶어 하는 닭다리를 하나가 아니라 두 개 다 주는 것이 사랑이라고 한다. 가장 아끼고 소중한 것도 무한정 주고 싶은 마음이 사랑이라는 것이다. 사랑에 대한 멋진 정의다.

상담할 때 내가 하는 말을 상대방이 어떻게 쉽게 받아들이고 쉽게 공감하게 할 수 있을까? 비유를 활용하면 이 문제를 쉽게 풀어갈 수 있다.

산뜻한 비유로 시작하라

스트레스 관리에 대한 강의를 들으려고 한 강의실을 찾았다. 강사가 컵 하나를 들고 들어왔다. 물이 반 정도 담긴 유리컵이었다.

"스트레스 관리는 [   ]입니다. [   ] 안에 들어갈 말은 무엇일까요?"

강의를 시작하면서 그가 던진 첫 질문이었다.

"…"

강의실이 조용했다. 참석자들이 아무 말도 하지 못했다. 그러자 그는 들고 있던 유리컵을 책상에 내려놓으며 이렇게 말했다.

"정답은 이 컵을 내려놓는 겁니다."

3초 전략이었다. 청중으로 하여금 '어?' 하는 호기심을 갖도록 유도하는 질문이었다. 청중이 그의 강의에 호기심을 보이도록 미리 준비해온 계산된 질문이었다.

이렇게 관심을 잡은 뒤 그의 30초 전략이 이어졌다. 3초 전략으로 잡은 청중의 관심을 극대화하려고 30초 작전을 시작한 것이다. 그는 책상에 내려놓았던 유리컵을 다시 집어 들었다.

"이 유리컵에 물이 반쯤 담겨 있습니다."

이 말을 듣자마자 머릿속에 번쩍 스쳐가는 것이 있었다. '물이 반이나 남았는지, 아니면 반이 비었는지에 대한 뻔한 질문이 나오겠지'라는 생각이었다. 그런데 그는 이렇게 질문했다.

"이 물컵은 얼마나 무거울까요?"

"…"

강의실은 조용했다. 그의 말이 이어졌다.

"사실 물컵의 무게는 중요하지 않습니다. 문제는 이 컵을 얼마나 오래 들고 있느냐는 겁니다."

그의 말을 정리하면 이렇다. 물이 반쯤 담긴 컵을 1분간 들고 있으면 별로 무겁지 않다. 1시간 들고 있으면 팔이 조금 아플 것이다. 그런데 만약 이 컵을 하루 종일 들고 있다면 어떻게 될까? 팔이 저리면서 마비될 것이다.

어떤 경우에도 물컵 무게는 변하지 않는다. 그런데 오래 들고 있을수록 무거워지는 것이다.

"우리 삶에서 스트레스는 이 물 한 컵과 같습니다."

스트레스를 오래 붙들고 있지 않으면 아무 일도 일어나지 않는다. 오랜 시간 붙들고 있으니까 고통스러워지는 것이다.

"이제 이 컵을 내려놓으세요."

그러면서 스트레스 관리 방법에 대한 그의 본격적인 강의가 시작되었다.

본론으로 들어가기에 앞서 청중의 관심을 극대화하려고 물컵을 비유로 사용했다. 그의 결론은 '스트레스를 내려놓으면 된다'는 것이었다. 문제는 스트레스를 어떻게 내려놓느냐는 방법론이다.

청중이 정작 들으려는 것은 스트레스를 내려놓는 방법론이다. 스트레스를 어떻게 내려놓느냐는 것이다. 이 방법론을 설명하기에 앞서 청중으로 하여금 이야기에 관심을 집중하도록 30초 전략으로 물컵의 비유를 사용한 것이다.

비유는 네모( ) 채우기다.

상담할 때 상대방 관심을 끌어내려면 비유를 자유자재로 활용할 줄 알아야 한다. 그런데 혹자는 말한다. '비유는 어렵다', '머리 아프게 뭐 비유를 찾아야 하나? 그냥 생각나는 대로 말하면 되지.'

비유가 어렵다고? 엄살떨지 마라. 당신도 비유의 달인이다. 일상생활에서 비유를 많이 사용한다. 언제 그랬냐고? 그렇게 오리발 내밀 줄 알았다. 그래서 증거를 준비했다.

'배 밭에서는 갓끈을 고쳐 매지 마라.'

남에게 의심받거나 오해받을 만한 행동이나 말을 하지 말아야 한다고 할 때 자주 사용하는 비유의 말이다. 이하부정관(李下不整冠)이라고 한다. "오얏(자두)나무 밑에서 갓을 고쳐 쓰면 오얏(자두) 도둑으로 오해받기 쉬우니 그런 곳에서는 갓을 고쳐 쓰지 말라"라는 뜻의 한자성어다. 속담이나 격언, 한자성어 등이 대표적인 비유다. 직접 표현하기보다는 에둘러 표현하는 것이 비유다.

증거를 하나 더 준비했다.

고객은 [   ]이다.

안에 들어갈 한 글자는 무엇일까? '왕'이라는 글자다. 정답 찾기가 어려웠는가? 쉽게 찾았다. 평상시 많이 쓰는 비유였으니 말이다.

그러면서 당신은 설명했다. 왜 고객을 왕으로 모셔야 하는지…. 고객을 왕처럼 극진히 모셔야 한다는 것을 설명하기 위해서 '고객 = 왕'이라는 비유로 말을 시작했다.

에라 모르겠다. 말이 나온 김에 증거 하나 더 나간다. 이건 보너스다. 이 증거를 보고도 비유가 어렵다고 엄살떨지는 못할 것이다.

사랑은 [   ]이다.

네모 안에 들어갈 단어는 무엇일까? '여행'이라는 단어를 선택했는가? 그 이유는? 사랑이나 여행이나 하지 않아도 되지만 해본 사람만이 그 가치를 안다.

우리는 이렇게 일상생활에서 상대방에게 내가 전달하고자 하는 말을 쉽게 이해시키기 위해 비유를 들어 설명한다. 비유를 사용하면 쉽게 공감하게 되고 그러면 핵심 내용이 궁금해진다.

[   ] 채우기 연습을 하라

비유를 자유자재로 사용하려면 평상시 [   ] 채우기 연습을 해보라. 그러면 쉽게 비유할 거리를 만들 수 있게 된다.

- 내 개그는 [   ]다.

'유모차'다. 애만 태우니까.

- 보험은 [   ]이다.

'우산'이다. 맑은 날보다는 비오는 날 더 필요한 것이니까.

- 호기심은 [   ]다.

'느낌표'다. 물음표가 느낌표로 바뀌니까.

- 책표지는 [   ]다.

'안내데스크'다. 책 제목이 무엇인지, 작가가 누구인지, 출판사가
어디인지 알려주니까.

66

4장

공감설득 3단계

30분 전략(세부 내용 설명하기)

99

세부 내용을 어떻게 설명할까?

쉽게, 재미있게, 강하게 전달하려면

어떻게 접근해야 할까?

의사봉은

왜

땅! 땅! 땅!

세 번 두들기지?

3이라는 숫자의

매직 때문이다.

3이라는 숫자는

완벽한 최소의 단위다.

핵심 내용을
3가지로 압축하라

서정주 시인의 〈국화 옆에서〉라는 시가 있다.

한 송이의 국화꽃을 피우기 위해

봄부터 소쩍새는

그렇게 울었나 보다.

한 송이의 국화꽃을 피우기 위해

천둥은 먹구름 속에서

또 그렇게 울었나 보다.

한 송이 국화꽃을 피우기 위해 봄부터 소쩍새가 울었던 것처럼, 한 송이 국화꽃을 피우기 위해 천둥이 먹구름 속에서 그렇게 울었던 것처럼 30분 전략에서 세부 내용을 설명하려고 3초 전략에서 첫마디에 상대방 관심을 잡기 위해 노력했고, 30초 전략에서 상대방 관심을 극대화하는 데 집중해왔다.

이제 30분 전략은 내가 말하고자 하는 궁극적인 이야기를 하는 단계다.

30분 전략은 세부 내용을 설명하는 단계다

사찰에서는 화장실을 해우소(解憂所)라고 한다. 근심을 푸는 곳이라는 뜻이다. 번뇌가 사라지는 곳이라고도 한다. 꽉 막혀 있어 답답했던 것들이 뻥 뚫렸을 때 그 시원한 기분을 아는가? 해우소라는 것이 그런 뜻이 아닐까? 근심과 걱정이 일순간에 사라지는 것이다.

30분 전략은 해결해야 할 문제에 대한 구체적 방법을 설명하는 단계다. 상대방 근심과 걱정에 해법을 제시해줌으로써 상대방의 답답함이 일순간에 뻥하고 뚫리게 해주는 단계다. 일종의 '해우소' 과정이라고 할까?

세부 내용을 어떻게 설명할까?

세부 내용은 어떻게 설명하는 것이 효과적일까? 여러 내용 중에서 상대방이 듣고자 하는 핵심 내용을 세 가지로 압축해 설명하는 것이 좋다. 3이라는 숫자에는 완전이라는 의미가 들어 있기 때문이다.

숫자 3이 있다. 우리나라 사람들이 유난히 좋아하는 숫자가 3인 것 같다. 오래전부터 내려오는 속담들을 보라. '세 살 버릇 여든까지 간다'고 한다. 세 살은 온전한 인격체로 살아가기 시작하는 시작의 나이라고 한다.

'서당 개 삼 년이면 풍월을 읊는다'는 속담도 있다. 삼 년은 충분한 시간을 의미한다. '세 사람이 우기면 호랑이도 만들 수 있다'고 한다. 여기서 3은 어떠한 일을 도모할 수 있는 사람의 수를 의미한다.

옛이야기 〈은혜를 갚은 까치〉에서 까치가 선비를 위해 머리로 종을 세 번 울리고 죽었다는 설화도 있다. 여기서 3은 완전함을 의미한다. 3이라는 숫자에는 완전함, 충분함의 의미가 있다. 그래서 그런지 사람들은 무엇을 제시할 때 일반적으로 세 가지로 정리해서 말한다.

쇼펜하우어는 "모든 진리는 세 단계를 거친다"라고 했다.

1. 조롱당한다.

2. 강한 반대에 부딪힌다.

3. 자명한 것으로 인정한다.

괴테는 "세상에는 반드시 있는 것이 세 가지가 있다"라고 했다.

1. 하늘에는 별이 있고

2. 땅에는 꽃이 있고

3. 사람의 마음속에는 사랑이 있다.

반대로 세상에는 반드시 없는 것이 세 가지가 있다.

1. 비밀이 없다.

2. 공짜가 없다.

3. 정답이 없다.

정답을 찾지 말고 방법을 찾으려 노력해야 한다고 강조할 때 내가 자주 인용하는 말이다.

의사봉은 왜 세 번 두들기나?

의사봉은 왜 '땅! 땅! 땅!' 세 번 두들길까? 의사봉은 한 번 두드리든, 두 번 두드리든 상관이 없다. 꼭 세 번 두드려야 한다는 규정이 있는 것은 아니라고 한다. 그런데 왜 사람들은 의사봉을 '땅! 땅! 땅!' 세 번 두들기는가? 3에는 '완전함'이라는 의미가 들어 있기 때문이라고 한다.

실제로 의사봉을 들고 연습해보자. 의사봉을 '땅!' 하고 한 번만 두드려보라. 너무 가볍다는 생각이 든다. 의사봉을 '땅! 땅!' 하고 두 번 두드려보라. 뭔가 부족하다는 느낌이 든다.

그럼 의사봉을 '땅! 땅! 땅!' 하고 세 번 두드려보라. 느끼겠는가? 안정감이 든다. 충만하다는 생각이 든다. 그럼 이번에는 네 번, 다섯 번 두드려보라. 너무 많다. 복잡하다.

3가지로 압축하라

세부 내용을 설명하는 단계에서 상대방이 딴짓(?)하지 않고 내가 하는 이야기에 잘 따라오게 하려면 중간중간 칭찬해주는 방법이 좋다. 상대방이 내 말에 집중하게 하는 칭찬 방법을 3가지로 정리해본다.

첫째, 대놓고 칭찬하라.

칭찬은 대놓고 하는 것이 좋다. 본인이 있는 앞에서 칭찬하는 것이 더 효과적이라는 것이다. 남자는 대놓고 칭찬하기보다는 그 사람이 없을 때 제3자에게 그 사람을 칭찬해서 그 말이 본인에게 전달되도록 하는 것이 좋고, 여자는 직접 대놓고 칭찬하는 것이 더 좋다고 하는 사람도 있다. 어떤 상황이냐에 따라 약간 차이는 있지만 실험해본 결과 남자든 여자든 대놓고 칭찬하는 것이 더 효과적이었다.

둘째, 과감하게 칭찬하라.

칭찬할 줄 모르는 사람들의 특징 중 하나가 칭찬할 때 주저주저 망설인다는 것이다. 내가 이런 칭찬의 말을 하면 상대방이 어떻게 생각할지를 염려하기 때문이다.

칭찬을 잘하는 사람은 과감하다. 주저함 없이 과감하게 칭찬한다. 칭찬을 과감하게 하려면 칭찬하는 말을 몇 가지만 준비하면 된다. 70대 할머니나 20대 아가씨나 이 한마디를 들으면 다들 좋아한다. 그 말이 무엇일까? '예뻐지셨네요'라는 말이다. 이 사람에게도 '예뻐졌네요', 저 사람에게도 '예뻐졌네요' 하고 과감하게 칭찬하라. 누구에게나 적용할 수 있는 이런 칭찬의 말을 몇 가지만 준비하면 언제 어디서든 주저하지 않고 과감하게 칭찬할 수 있다.

셋째, 과장해서 칭찬하라.

조그마한 것도 침소봉대해서 칭찬하는 것이 좋다. 아무리 사소한 것일지라도 크게 과장해서 칭찬해보라. 상대방 반응이 달라진다.

과장해서 칭찬하는 방법은 먼저 눈동자부터 연출하는 것이다. 눈동자를 최대한 확장하고 입에서는 '와~' 하는 감탄사가 나오게 하며 손으로는 최고라는 뜻의 '엄지손 척' 하는 제스처를 동원한다. 즉 온몸으로 칭찬하는 것이다.

30분 전략에서 세부 내용을 설명할 때는 3가지로 압축해서 설명하는 것이 좋다. 이 단계에서는 욕심을 버리는 것이 좋다. 많은 것을 설명하려 하지 말고 상대방에게 꼭 필요한 것을 3가지로 압축해서 설명하는 것이 더 효과적이다.

하나 또는 두 가지로 설명하면 부족하다는 느낌이 든다. 하나는 준비하지 않았다는 생각이 들고, 두 개는 뭔가 2% 부족하다는 생각이 든다. 3가지보다 많이 설명하면 너무 복잡하다고 느낀다. 앞에서 칭찬 방법을 3가지로 압축해서 설명한 이유가 그렇다. 3가지로 압축해 설명하면 안정감이 들 뿐만 아니라 기억하기도 쉽다.

말의 순서에도
전략이 있다?
무슨 전략?

말의 순서에 따라
공감도가 달라진다.
듣고 싶어 하는 얘기를
먼저 하라.

무엇부터 말할지
우선순위를 정하라

말하는 순서에도 전략이 있다

육상경기나 빙상경기를 보면 선수들이 이어달리는 계주경기가 있다. 이 계주경기에서는 선수 순서가 가장 중요하다. 어떤 선수를 첫 번째 주자로 내보내고 어떤 선수를 맨 마지막 주자로 내보내야 할지 치열한 전략 싸움이 진행된다. 일반적으로 계주에서 출전 선수 순서를 정하는 경우가 대략 이렇다.

첫 번째 선수는 순발력이 좋은 선수를 내보낸다. 스타트가 중요하기 때문이다. 스타트가 빨라야 이길 확률이 높다. 두 번째, 세 번째 선수는 경기력이 보통인 선수를 세운다. 맨 마지막 나서는 선수가 제일 중요하다. 맨 마지막 주자는 팀에서 경기력이 가장 좋은 에이스를 내세운다. 상대방을 추월할 수 있는 경기력과 마지막 스퍼트가 뛰어난 선수를 선발한다.

계주경기에서 출전 선수를 전략적으로 정하는 것처럼 30분 전략, 즉 세부 내용을 설명하는 단계에서는 설명해야 할 내용의 순서를 정하는 것이 중요하다. 설명한 내용의 순서를 전략적으로 정해야 한다.

계주경기에서 첫 번째는 순발력이 좋은 선수를 그리고 마지막은 마지막 스퍼트가 좋은 신수를 신빌하는 깃처럼 상담에서 세부 내용을 설명할 때 첫 번째는 결정적인 사항을 그리고 마지막에는 핵심 가치를 내세우는 것이 좋다.

우선순위를 정하라

버킷리스트(bucket list) 만드는 과정을 생각해보라. 죽기 전 꼭 해보고 싶은 일들의 목록을 적은 것이 버킷리스트다. 버킷리스트를 정할 때 제일 먼저 하는 것이 하고 싶은 일들을 생각나는 대로 종이에 적는 것이다.

- 해외여행 가기
- 헌혈 100번 하기
- 불편한 친구와 화해하기
- 한국의 명산 다섯 군데 등반하기

- 가족사진 찍기
- 캘리그래피 배우기 등

이렇게 하려는 일들을 종이에 적었으면 그다음 하는 일이 우선순위를 정하는 것이다. 급한 일부터, 중요한 일부터, 당장 해야 하는 일부터 순서를 정하는 것이다.

상담에서도 마찬가지다. 상대방에게 설명해야 할 사항이 많을 것이다. 일단 상대방에게 설명해야 할 일들을 종이에 리스트를 만든다.

그다음 상대방에게 가장 중요하다고 생각하는 것을 3가지로 압축한다. 중요한 것부터, 급한 것부터, 당장 해결해야 하는 것부터 3가지로 압축하는 것이다. 그리고 이 3가지로 압축한 사항 중 어떤 것을 먼저 말하고 어떤 것을 나중에 말할지 순서를 정한다. 말하는 순서에 전략을 세우는 것이다.

듣고 싶은 얘기부터 하라

세부 내용을 설명할 때 첫 번째는 상대방이 가장 듣고 싶어 하는 내용으로 시작하는 것이 좋다. 즉 결론부터 이야기하는 것이다.

한 기업에서 '전자결제 시스템'을 도입할 때 있었던 일이다. 전자

결제 시스템의 필요성과 효과를 설명하는 사람이 이렇게 말했다.

"전자결제 시스템을 도입하면 비용이 매월 7,000만 원 절감됩니다. 6개월이면 설치비용을 전액 회수할 수 있는 것이죠."

결정권자가 가장 듣고 싶어 하는 말이었다. 전자결제 시스템이 시대 흐름이고 또 설치하기는 해야 하는데 정작 망설이는 이유가 경비 문제였다. 이 문제를 해결하려고 제일 먼저 꺼낸 카드가 경비 절감 효과였다.

세부 내용을 설명하는 단계에서는 첫 번째 카드로 상대방이 솔깃해하는 것을 꺼내는 것이 좋다. 내 말을 들어주는 상대방은 인내심이 강하지 않기 때문이다. 내가 던진 한마디에 '어, 그래?'라는 생각이 들게 해야 한다. 그렇지 않으면 상대방은 머릿속으로 딴짓을 시작한다. 관심이 다른 것으로 돌아가게 된다는 얘기다.

핵심 가치는 맨 나중에 놓는다

'최근효과(recent effect)'라는 것이 있다. 여러 정보가 차례대로 제시되는 경우 앞의 내용보다는 맨 나중에 제시된 정보를 좀더 많이 기억하는 경향을 말한다.

초등학생을 대상으로 실험을 해봤다. 기린, 사자, 코끼리에 대한 설명을 해준 다음 가장 기억에 남는 동물이 무엇이냐고 물었다. 많은 학생이 코끼리라고 대답했다.

이번에는 다른 그룹 학생들에게 동물의 순서를 바꿔서 코끼리, 사자, 기린 순으로 설명하고 무슨 동물이 더 기억에 남느냐고 물었다. 많은 학생이 기린이라고 대답했다.

또 다른 실험을 해봤다. 초등학생에게 사과, 배, 딸기를 보여주고 무엇이 더 먹고 싶으냐고 물었다. 딸기를 잡는 학생들이 많았다. 이번에는 순서를 바꿔서 배, 딸기, 사과를 보여주고 무엇을 먹고 싶으냐고 물었다. 사과를 선택하는 학생들이 많았다. 맨 나중에 본 것을 더 많이 기억하는 최근효과가 작용한 것이다.

상담에도 최근효과가 적용된다. 세부 내용을 설명하는 과정에서 여러 정보를 제공하는 경우 사람들에게 영향을 가장 많이 주는 것은 맨 마지막에 제시한 내용이라는 것이다. 즉 가장 핵심적인 내용을 맨 나중에 제시하는 것이 더 효과적이라는 얘기다.

결정적인 사항은 맨 앞에, 핵심 가치는 맨 나중에

지인과 함께 운동하는데 그가 6개월에 20kg을 감량했다고 자랑스럽게 말했다. 얼굴은 갸름해지고 배는 홀쭉 들어가 있었다. "와! 축하

합니다. 어떻게 다이어트를 하셨어요?"했더니 그의 일성이 이랬다.

"인풋 아웃풋(in put, out put)입니다."

그가 다이어트에 성공한 요인을 한마디로 말한다면 인풋 아웃풋이라는 것이다. 다이어트 성공 요인을 한마디로 정의한 것이다. 아니, 내가 듣고자 하는 한마디였다. '그래, 다이어트에 성공하려면 인풋 아웃풋이지.' 그의 말에 공감이 팍 왔다.

인풋이란 입으로 들어가는 것, 즉 식사량이다. 아웃풋이란 몸으로 배출하는 것, 즉 운동량이다. 다이어트에 성공하려면 식사량과 운동량 두 가지를 조절할 줄 알아야 한다는 것이다.

그가 다이어트에 성공하게 된 두 번째 요인을 설명했다.

"중요한 것은 꾸준한 운동입니다."

다이어트에 성공하려면 꾸준히 운동해야 한다고 했다. 다이어트는 하루 이틀 잠깐 한다고 해서 효과가 나타나는 것이 아니라는 것은 누구나 다 안다. 다이어트는 자기 자신과의 싸움이다. 그는 지난 6개월 동안 헬스장에서 매일 1시간 이상 유산소운동을 했다고 했다.

그가 입에 침 튀겨가면서 하는 말이 살이 찌는 것은 과잉섭취 때문이라는 것이다. 우리 몸속에 들어온 칼로리가 다 소모되지 않고 몸 안에 쌓이기 때문에 살이 찐다는 것이다. 과잉 섭취한 칼로리를 운동을 해서 몸 밖으로 배출하는 것이 아웃풋이다. 운동을 하지 않으면 다이어트는 결코 성공할 수 없다고 강조했다. 그런데 그가 가장 중요한 것이 있다고 했다.

"가장 중요한 것은 식생활 습관입니다."

다이어트 성공의 핵심이다. 다이어트에는 '7 : 3 법칙'이 있다. '식이조절 비중이 7, 운동 비중이 3'이라는 것이다. 운동을 열심히 하는 것도 중요하지만 식생활 조절이 안 되면 다이어트 노력은 헛수고라고 한다. 그는 식사량을 절반으로 줄였다고 했다. 그는 식사할 때 밥을 절반으로 덜어놓고 먹는데 그래도 충분하다고 했다. 처음부터 양을 절반으로 줄여놓고 식사를 시작한다는 것이다.

30분 전략에서 상대방 문제를 해결하는 솔루션을 제시할 때 결정적 요인은 맨 앞에, 핵심 가치는 맨 나중에 놓아라. 첫 번째 요인은 상대방이 듣고자 하는 결정적 사항을 설명하라. 그는 '인풋 아웃풋'으로 설명했다. 그리고 맨 마지막에는 상대방이 꼭 기억해야 할 핵심 가치를 설명하라. 다이어트에서 가장 핵심 가치는 '식생활 습관'이라고 설명한 것처럼.

커뮤니케이션 오류?
내 말이
무슨 말인지 몰라?

세부 설명은
구체적이어야 한다.
자잘하게 쪼개서 설명하라.

자잘하게 쪼개서
구체적으로 설명하라

인터넷에 올라와 있는 재미있는 사진 한 장을 소개한다. 감자를 반만 깎아놓은 사진이었다. 그리고 제목에 '이럴 때 남자는 정말 억울하다'라고 붙어 있었다. 아내가 남편에게 감자를 깎아서 삶아달라고 부탁했다. 남편은 아내가 요구하는 대로 다 해주었는데 아내는 어이없다는 듯 불만을 토로했다.

아내: 여보, 거기 있는 감자 반만 깎아 삶아줘요.

남편: 오케이.

그리고 남편은 감자를 반만 깎아서 삶았다.

아내: 헉? 여보, 내가 언제 이렇게 깎아달라고 했어요?

아내는 당연히 알 거라고 생각하고 남편에게 전체 감자 중에서 반만(양적 의미) 깎아서 삶아달라고 했는데 남편은 이 말을 다르게 이해했다. 감자를 낱개로 절반씩(개별적 의미) 깎아서 삶아달라는 것으로 이해한 것이다.

어이가 없다고? 이해가 안 된다고? 어찌 그렇게 생각할 수 있느냐고? 내가 알고 있는 것을 상대방도 다 알고 있으리라고 생각하는 데서 커뮤니케이션 오류가 생긴다. 커뮤니케이션 오류가 생기는 근본 원인은 자기중심적으로 말하는 데 있다. 상대방이 이 정도는 알겠지 하고 말하는 데서 커뮤니케이션 오류가 생긴다. 생각의 기준을 '나'에게 두고 내 생각을 전달하는 데 문제가 있다. 아내가 남편에게 감자를 깎아달라고 부탁할 때가 그랬다. 아내의 기준에서 남편은 이 정도는 당연히 알 거라고 생각하고 부탁했는데 결과는 엉뚱한 방향으로 가고 말았다.

세부 내용을 설명하는 30분 전략에서는 커뮤니케이션 오류가 일어나지 않도록 해야 한다. 사람들은 누구나 자기만의 틀을 가지고 있다. 상대방이 하는 말을 자기 상황에서 해석하고 이해하는 속성이 있는데 이를 프레임(frame)이라고 한다. 자연 풍경에 대한 사진을 감상

할 때를 생각해보라. 어떤 각도에서 사진을 찍느냐에 따라 풍경의 느낌이 달라진다. 사람들도 자기만의 프레임으로 상대방 말을 이해하려고 하기 때문에 같은 말이라도 다르게 해석하는 것이다.

세부 내용을 설명할 때 이것 하나를 기억하라. '상대방이 내 마음속에 들어와 눈으로 볼 수 있는 것이 아니지 않는가?' 나는 모든 사항을 세세하게 다 알고 있지만 상대방은 그렇지 못하다. 내가 생각하고 의도하는 것을 정확하게 알지 못한다. 그래서 구체적으로 설명하고 정확하게 이해시키는 커뮤니케이션 노력이 필요하다.

건강계단을 아세요?

등산이 건강에 좋다는 것은 누구나 다 안다. 그런데 실천이 잘 안된다. 계단 오르기가 건강에 좋다는 것도 다 안다. 그런데 이 또한 실천이 안 된다. 엘리베이터를 타거나 에스컬레이터를 이용하면 편하기 때문이다.

몇 달 만에 친구를 만났다. 그 친구와 이런저런 얘기를 하던 중 친구가 내 배를 보더니 "배가 많이 나왔다. 운동 좀 해야겠네"라고 하면서 계단 오르기 운동을 해보라고 권유했다. 엘리베이터를 타지 말고 계단을 오르라는 것이다. 계단 오르기는 무산소·유산소운동이 결합된 아주 좋은 운동이라면서.

그 친구 말을 듣고 '그래, 오늘부터 계단을 올라야지'라는 생각이 들지 않았다. 마음에 와닿지 않았기 때문이다. 너무 추상적인 말일 뿐만 아니라 막연한 설명이었다. 상대방 마음에 와닿게 말하려면 추상적이 아니라 구체적으로 표현해야 한다.

한 건물에 들어갔는데 어디서 피아노 소리가 들렸다. '건강계단'이라는 것에서 울리는 소리였다. 사람들이 계단을 오를 때마다 '도레미파솔라시도'와 같이 피아노 건반을 두드리는 소리가 났다. 건강계단 벽면에는 이런 안내문이 있었다.

"그거 아세요? 한 계단 오를 때마다 칼로리(kcal) −0.15

그거 아세요? 한 계단 오를 때마다 건강 수명 +4초."

계단 하나 오르면 칼로리가 0.15kcal 소모되고 건강 수명은 4초 증가한다는 것이다. 그리고 계단에는 중간중간 이런 문구가 붙어 있었다. 1층을 올라 2층으로 올라가는 계단에 있는 문구는 이랬다.

"칼로리 −2.1kcal, 수명 연장 56초

칼로리 −2.4kcal, 수명 연장 64초

칼로리 −2.7kcal, 수명 연장 72초."

오를 때마다 수명이 몇 초씩 늘어난다는 것을 보고 〈삼 년 고개〉라는 동화가 생각났다. 삼 년 고개에서 한 번 넘어질 때마다 수명이 삼

년씩 늘어나는 것처럼 비록 몇 초씩 늘어나지만 틈날 때마다 계단을
오르고 오르면 수명이 몇 년씩 늘어나지 않을까?

자잘하게 쪼개서 구체적으로 설명하라

그런데 여기서 한 가지 궁금증이 생겼다. 계단을 오를 때마다 칼로
리가 소모되고 그로써 수명이 늘어난다는 것은 알겠다. 그런데 계단
을 오르면 운동량은 어느 정도 될까?

'100kcal 소모된다'가 추상적으로 느껴졌다. 도대체 어느 정도 운
동량이란 말인가 하는 의구심이 생긴 것이다. 한 의사가 이 궁금증을
'Q&A'(질문과 답변)에서 쉽게 풀어주었다.

질문: 계단 오르기가 다른 운동과 비교할 때 어떻게 다른가요?
설명: 산책, 약간 빠르게 걷기, 계단 오르기 중에서 계단 오르기가
운동량이 가장 많습니다.

의사는 도표를 보여주면서 30분 운동한 후 칼로리 소모 결과
를 비교했다. 산책 63kcal, 약간 빠르게 걷기 120kcal, 계단 오르기
221kcal로 같은 시간 운동했을 때 계단 오르기가 칼로리 소모량이

가장 많음을 보여주었다.

질문: 221kcal는 어느 정도 운동량인가요?

설명: 300kcal는 달걀 4개, 밥 1공기, 피자 0.5조각이니 계단을 30분 오르는 것이 거의 밥 한 공기 열량을 소모하는 운동량입니다.

질문: 그럼 계단 오르기는 어떻게 하는 게 효과적인가요?

설명: 계단 오르기를 할 때는 일주일에 3회 이상, 하루에 30분 이상, 3개월을 꾸준히 하는 것이 좋습니다.

그러면서 추가 설명을 했다. 10층 계단을 목표로 컨디션에 따라 처음에는 4~5층 정도 오르고 점차 계단수를 늘려가라고 했다. 한 층 한 층 성과를 올리는 재미도 있다고 했다. 이때 한 가지 주의 사항이 있는데 내려올 때는 무릎에 무리가 올 수 있으니 엘리베이터를 이용하라고 했다.

그의 구체적인 설명으로 계단 오르기의 운동 효과를 알고 난 뒤부터 엘리베이터가 있어도 되도록 계단을 이용하는 습관을 들이게 되었다. 엘리베이터를 기다리다가도 '에이, 계단을 이용하는 것이 더 빠르겠다'는 생각에 계단을 이용한다. 계단 오르기가 건강과 다이어트 둘 다 잡아주는 좋은 운동이라는 것을 알고부터다.

아파트 엘리베이터에 '고장'이라는 문구가 붙어 있었다. 여느 때 같으면 투덜투덜 불평했을 텐데 건강계단을 알고부터는 오히려 계단을 오를 수 있게 해줘서 고맙다는 즐거움으로 바뀌게 되었다.

세부 내용을 설명하는 30분 전략에서 설명은 구체적이어야 한다. 두루뭉술하게 추상적으로 설명하면 마음에 와닿지 않는다. 세부 내용을 설명할 때는 '아이에게 설명하듯' 하라. 하나하나 구체적으로 설명해주어야 한다. 이 정도는 얘기하지 않아도 되겠지 하고 넘어가는 데서 커뮤니케이션 오류가 생긴다. 나는 당연하게 생각하는 것을 상대방은 다른 방향으로 생각할 수 있기 때문이다.

세부 내용을 설명할 때 수시로 자기 점검을 하라. 혹시 '나' 중심으로 설명하는 것은 아닌가? 내가 알고 있는 것을 상대방도 알고 있을 거라고 생각하면서 상대방에게 말하는 것은 아닌가? 기억하라. 나의 'ㄱ'과 남의 'ㄱ'은 다르다. 구체적으로 설명하지 않으면 상대방은 자기 관점에서 해석한다. 두루뭉술하게 설명하지 말고 팩트를 자잘하게 쪼개서 구체적으로 설명해주어야 한다. 그래야 공감이 쉽게 일어난다.

말하는 방법도
연출해야 한다고?
무대에 선 배우처럼?

세부 내용을 설명할 때는
짧게 잘라서
박진감 있게 설명하라.

전달 방법을 연구하고
한마디 한마디를 연습하라

작은 차이가 큰 차이를 만든다

신문에서 유전자 염색체인 DNA의 게놈 구조 기사를 보았다. 그 보도에 따르면 말과 당나귀는 3.1% 차이가 난다. 96.9%는 동일한 구조라고 한다. 3.1% 차이가 말과 당나귀로 구분되게 한다.

사람과 고릴라의 차이는 2.3%라고 했다. 더욱이 사람과 침팬지는 1.5%에 불과하다고 했다. 2.3%에 따라 사람과 고릴라가 갈리게 되고 1.5%에 따라 사람과 침팬지로 갈리게 된다는 것이다. 그렇다면 남자와 여자는 어떻게 될까? 0.1%밖에 차이가 없다. 0.1%밖에 안 되는 작은 DNA 차이가 남자와 여자를 구별되게 한다.

아주 작은 차이가 큰 차이를 보여주는 대표적인 경우들이다. 상담할 때도 마찬가지다. 성공하는 상담과 실패하는 상담은 차이가 큰 것이 아니다. 아주 작은 차이가 상담에서 성공과 실패로 갈라놓는다.

그러면 그 작은 차이가 무엇일까? 표현 방법이다. 말하는 내용은 같다 하더라도 그것을 어떻게 표현하느냐에 따라 상대방이 받아들이는 감정이 달라지기 때문이다.

모든 싸움은 말투에서 시작된다고 한다. 부부싸움을 생각해보라. 대단한 문제로 싸우는 경우는 거의 없다. 사소한 말투 때문에 상대방 감정이 상하게 되고 이것이 커져서 부부싸움으로 번지지 않았던가. 표현 방법에 문제가 있기 때문에 일어난 현상이다.

30분 전략, 즉 상대방 문제를 해결해주거나 상대방 궁금증에 구체적 해법을 제시해주는 이 단계에서는 표현의 작은 차이가 엄청난 결과를 만들어낸다는 점을 잊지 말아야 한다.

아주 사소한 말 한마디에 상담이 성공적으로 될 수도 있고 실패로 끝날 수도 있다. 그러기에 30분 전략에서는 표현하는 방법 하나하나, 말 한마디 한마디에도 치밀한 준비와 연출이 필요하다.

단어의 순서를 바꿔보라

레스토랑이 두 곳 있다. 한 레스토랑에 갔더니 점심 메뉴에 '디저트 포함'이라고 표기되어 있었다. 점심가격에 디저트가 포함되어 있다는 것이다. 점심식사 후 디저트가 나왔다. 당연한 것으로 여겨졌다. 내가 가격을 지불하고 당연히 받아야 할 권리로 여겨졌기 때문이다. 디저트에 대한 고마움이 없었다.

다른 레스토랑에서 점심식사를 했다. 가격이 같은 점심식사 메뉴였다. 식사를 마친 뒤 웨이터가 디저트를 가져오며 "오늘의 서비스입니다"라고 했다. 식사하던 사람들이 모두 '와~' 하는 반응을 보였다. 같은 비용으로 점심식사를 했는데도 두 곳에 대해 느끼는 감정은 완전히 달랐다.

가격이 똑같은 점심식사라 하더라도 어떻게 연출하느냐에 따라 손님 반응이 달라진 것이다. 말하는 것도 마찬가지다. 똑같은 말을 하더라도 어떻게 연출하느냐에 따라 상대방 반응이 달라진다.

텔레비전으로 올림픽 중계방송을 보면서 내가 느꼈던 일이다. 레슬링 경기였던 것으로 기억된다. 금메달이냐, 은메달이냐를 다투는 결승전에서 우리나라 선수가 아깝게 금메달을 놓쳤다. 그러자 아나운서의 멘트가 이랬다.

"아쉽지만 잘 싸웠습니다."

우리나라 선수가 금메달을 놓친 것에 대한 아쉬움을 표현한 말이었다. 또 끝까지 최선을 다해 싸운 선수를 격려하기 위해 한 말이기도 했다.

그런데 이 말이 내 귀에는 '아쉽지만 그는 잘 싸웠습니다'라는 의미로 들렸다. 경기에서 져서 아쉬운 것이 아니라 그 선수가 잘 싸운 것이 아쉬웠다는 전혀 다른 의미로 들린 것이다. 아마도 아나운서는 이런 뜻으로 말했을 것이다. "아쉽지만, 잘 싸웠습니다." 말에 분명히 쉼표가 있었을 것이다. 그러나 내 귀에는 그 쉼표가 들리지 않았다.

'아 다르고 어 다르다'는 속담은 이럴 때를 두고 한 표현이었으리라. 같은 말도 어떻게 하느냐에 따라 상대방은 전혀 다른 의미로 받아들일 수 있다는 것이다.

'아쉽지만 잘 싸웠습니다'라는 말이 상대방에게 오해 없이 정확하게 전달되게 하려면 어떻게 표현했어야 할까? 이렇게 바꾸면 그 의미가 정확해진다. "잘 싸웠지만, 아쉽습니다."

끝까지 최선을 다해 잘 싸웠다. 그런데 금메달을 놓친 것은 아쉽다. 이런 의미가 정확하게 와닿지 않는가. 말의 순서만 바꾸었을 뿐인데 그가 말하고자 했던 의미가 쉽게 다가온다.

레스토랑도 그렇고 텔레비전 중계방송을 하는 아나운서도 그렇다. 같은 말이라도 어떻게 표현하느냐에 따라 상대방이 느끼는 감정이 달라진다는 것을 보여주는 사례다. 우리가 대화할 때 내가 하는 말이 상대방에게 전혀 다르게 전달되는 경우가 있다. 일상적인 대화라고 한다면 큰 문제가 될 리는 없겠지만 중요한 비즈니스를 위한 상담일 때는 그냥 그렇게 넘길 문제는 아닐 것이다.

상담에서는 내가 하는 말을 상대방이 다른 의미로 해석하는 오해가 일어나지 않게 해야 한다. 내가 하는 말의 의미를 정확히 상대방에게 전달할 수 있도록 표현 방법을 연구하고 연습해야 한다.

짧게 자르고 박진감 있게 설명하라

다음 문장을 소리 내어 읽어보자.

> 직업을 선택할 때 고민이 많을 텐데 이럴 때는 세 가지 사항을 생각해보면 도움이 됩니다. 첫째는 내가 재미있어야 하고, 둘째는 내 인생에 의미 있는 것이어야 하며, 셋째는 내가 탁월하게 해낼 수 있는가 하는 것입니다. 첫 직장을 선택할 때 이 같은 부분을 잘 고려한다면 적성에 맞는 일을 선택하는 데 도움이 될 겁니다.

한 은행 지점장이 신입사원들에게 선배 경험담을 설명하면서 한 말이다. 이러한 서술형 표현은 글로 표현하는 경우에는 큰 문제가 없다. 물론 읽는 사람이 좀 지루하게 느끼는 경우는 있겠지만…. 그러나 말로 하는 상담에서는 이렇게 장황하게 나열하는 표현에는 문제가 있다. 상대방이 지루하게 느낄뿐더러 딴짓을 할 우려가 있기 때문이다.

잊지 말아야 할 것은 나는 내 말을 전달하기 위해 '별짓'을 다한다 하더라도 상대방은 끊임없이 '딴짓'을 하려고 한다는 사실이다. 내가 하는 말이 장황하거나 지루해지면 상대방은 인제든 딴짓을 하게 된다. 생각이 다른 것으로 도망가게 된다.

이 문장을 다음과 같이 짧게 끊어서 읽어보자.

> **직업을 선택할 때 고민을 많이 합니다. 이럴 때는 세 가지 사항을 생각해보면 도움이 됩니다. 첫째는 내가 재미있어야 합니다. 둘째는 내 인생에 의미 있는 것이어야 합니다. 셋째는 내가 탁월하게 해낼 수 있는가 하는 것입니다. 첫 직장을 선택할 때 이와 같은 부분을 잘 고려해야 합니다. 그러면 적성에 맞는 일을 선택하는 데 도움이 될 겁니다.**

먼저 읽은 문장보다 훨씬 짧아졌다. 그러면서 전달하고자 하는 내용도 이해하기가 쉬워졌다. 말은 장황하게 하기보다 짧게 끊어서 하는 것이 효과적이다. 장황하게 나열하면 집중이 안 된다. 짧게 잘라 설명하는 것이 집중도를 높이고 이해력도 높여준다.

"문장을 짧게 쳐내는 순간 느슨함이 없어진다." 한 소설가가 자신의 글쓰기 비법을 설명하면서 한 말이다. 그의 글에는 힘이 있고 박진감이 넘치는데 그 비결이 무엇이냐는 질문에 그는 문장을 짧게 쳐내면 느슨함이 없어질 뿐만 아니라 오히려 박진감 있게 치고 나가는 느낌마저 든다고 했다.

이 말을 이렇게 바꿔보면 어떨까? "말을 짧게 쳐내는 순간 느슨함이 없어진다." 세부 내용을 설명하는 30분 전략에서는 장황하게 나열하기보다 팩트 하나하나 짧게 잘라서 박진감 넘치게 설명해야 한다. 말의 전달 스킬 하나만 바꾸어도 상대방은 내가 하는 말에 관심을 유지하고 집중하게 된다. 세부 내용을 설명할 때는 말을 짧게 잘라서 박진감 있게 설명하는 연습이 필요하다.

상대방을
구경꾼이 되지 않게 하라고?
어떻게?

혼자 떠들면
상대방은 구경꾼이 된다.
같이 참여하게 하라.

혼자 떠들지 말고
함께 참여하게 하라

어떤 방법이 더 효과적일까?

"저를 깨끗이 사용하면 오늘 본 것을 평생 비밀로 하겠습니다."

어디서 많이 본 문구다. 어디서 봤을까? 고속도로 휴게소 남자 화장실에 붙어 있는 문구다. 소변을 흘리지 말고 화장실을 깨끗이 사용하자고 하는 안내 문구다. 얼마 전까지 남자 화장실에 가면 이런 문구가 붙어 있었다.

"한 걸음만 앞으로!"

소변기 앞으로 한 걸음만 더 다가서면 화장실을 깨끗하게 사용할 수 있다는 것이다. 그러나 이런 문구가 붙어 있어도 달라진 것이 별로 없었다. 그래서 안내 문구를 재미있게 바꾸었다.

"조금만 가까이 오세요. 제가 잘 받아드릴게요."

그럼에도 달라지는 것은 없었다. 이번에는 점잖게 훈계하듯이 문구를 바꿨다.

"남자가 흘리지 말아야 하는 것은 눈물만이 아닙니다."

이 또한 큰 성과를 거두지 못했다. 이 문제를 어떻게 해결해야 할까 고민하다가 재미있는 실험을 했다. 남자 소변기 아랫부분에 파리 한 마리를 그려놓았다. 그랬더니 결과가 놀라웠다. 소변기 밖으로 새는 소변량이 80% 줄어들었다. 소변을 보는 남자들이 '조준사격'하는 재미로 파리를 겨냥했기 때문이다.

이렇듯 일방적인 방법에는 효과가 없다. 그러나 참여하게 했더니 그 결과가 확연하게 달라졌다.

세부 내용을 설명하는 과정에서는 어떻게 하는 것이 효과적일까? 정답부터 말하면 상대방을 대화에 참여하게 하는 것이다. 나 혼자 일방적으로 떠드는 방법은 효과가 없다. 특히 30분 전략의 세부 내용을 설명하는 단계에서는 더욱 그렇다. 내가 혼자 일방적으로 떠들면 상대방은 관심이 없어진다. 구경꾼으로 변하기 때문이다.

원맨쇼는 힘들다

홈쇼핑 방송을 보라. 쇼핑 호스트가 혼자 떠들고 시청자는 그냥 구경한다. 일방통행 방송이다. 쇼핑호스트 혼자 원맨쇼를 한다. 시청자는 그 원맨쇼를 구경하는 구경꾼일 뿐이다. 쇼핑호스트는 어떻게든 상품을 팔아야 한다. 그래서 소비자로 하여금 지갑을 열게 하려고 갖가지 방법을 동원한다.

반면 시청자를 보라. 그는 심판자로 임한다. 쇼핑호스트를 냉정하게 평가한다. 그러다 관심이 없으면 채널을 핑 돌려버린다. 가장 힘든 소통 방법이 일방통행 소통 방법이다.

한 온라인 교육방송에서 나에게 동영상 촬영을 요청해왔다. 많은 시간과 노력을 들여 동영상 촬영을 준비했다. 이 동영상을 촬영하다 보니 방송국에 '와, 예!' 하고 반응하는 방청객이 왜 있어야 하는지 그 이유를 알 수 있었다.

동영상 촬영은 나 혼자 일방적으로 떠들어야 했다. 눈앞에 강의를 듣는 청중이 없었다. 그러니 내가 하는 말에 청중의 반응이 있을 리 없었다. 오로지 앞에 놓인 카메라에 대고 혼자 떠들어야 했다. 재미가 없었다.

오프라인 강의 같았으면 40분 넘게 진행될 강의였는데 동영상 촬영에서는 20분 만에 끝나고 말았다. 오프라인에서는 청중과 함께 서로 주거니 받거니 하면서 강의를 진행했는데 카메라에 대고 혼자 떠드는 동영상 촬영에서는 그런 과정 없이 일방적으로 나 혼자 떠들어야 했기 때문에 일어난 현상이었다.

그래서 고민하다 생각해낸 것이 카메라에 대고 원맨쇼를 하는 것이었다. 앞에 청중이 있다 생각하고 나 혼자 질문도 하고 대답도 하는 식으로 진행했지만 원맨쇼는 힘들다는 것을 새삼 느꼈다.

교육 방법이 변했다. 옛날에는 선생님이 혼자 떠들고 학생들은 듣기만 했다. 일방통행 수업으로 가장 효율이 떨어지는 수업 방법이었다. 그러나 지금은 선생님이 혼자 떠들지 않는다. 학생들을 수업에 같이 참여하게 한다.

특정 주제를 놓고 학생들이 그룹을 만들어 같이 토의하게 하거나 실험하면서 결과를 학생들이 스스로 찾아가게 하는 방법으로 바뀌었다. 쌍방향 수업으로 효과가 높은 수업 방법이다.

같이 참여하게 하라

"궁금해요? 그러면 500원." 〈개그콘서트〉라는 프로그램을 통해서 널리 유행한 말이다. 상담할 때 나 혼자 일방적으로 떠들 것이 아니라 상대방으로 하여금 주거니 받거니 함께 참여하게 하는 방법이 더 효과가 좋다는 것을 보여주는 사례를 소개한다.

"궁금해요? 그러면 500원."

한 남자가 결혼중개회사에 회원 가입을 했다. 신규 회원이 된 그에게 매니저가 결혼하고 싶은 이상형을 물었다. 그래서 '마음이 따뜻한 여성'이라고 말했다. 그랬더니 매니저가 "이런 이상형이 어디 있습니까? 너무 추상적이네요. 막연합니다"라고 했다. 이렇게 막연한 이상형 기준으로는 원하는 짝을 찾을 수 없다고 했다.

생각해보니 그랬다. 생각도 많이 하고 고민도 해보았지만 그동안 자기 이상형은 너무 막연했다. 그래서 아직까지 짝을 찾지 못했나?

결혼정보회사 매니저가 그와 함께 이상형을 찾아가는 방법을 안내해주었다. 그는 카드를 몇 장 꺼내더니 첫 번째 카드를 내밀었다. '당신이 좋아하는 색상은?'이라는 질문이 적힌 카드였다.

'빨강, 연두, 노랑, 파랑'이 적혀 있는 카드를 보여주며 자신이 좋아하는 색깔을 찾아보라고 했다.

두 번째 카드는 혈액형에 관한 것이었다.

'당신의 혈액형은?' 그래서 그는 A형, B형, AB형, O형 중 하나를 선택했다.

다음은 종교를 묻는 카드였다.

'이상형의 종교는?' '기독교, 불교, 천주교, 무교, 상관없음'이 적혀 있는 카드를 보여주며 그중 자신이 원하는 종교를 선택하라고 했다.

다음 카드는 '이상형의 연봉은?'이라고 적힌 카드였다. '5천만 원 이하, 5천만 원~1억 원, 1억 원~3억 원, 3억 원 이상' 중 하나를 선택하라는 것이었다.

참여하게 하는 방법이 효과적이다. 일방적인 방법은 막연하다. 일방적으로 이상형을 적었을 때는 추상적이있을 뿐 구체적이지 않있다. 그러나 매니저와 함께 이상형을 찾아가다보니 답답했던 문제가 명확하게 풀렸다. 찾고자 하는 이상형에 대한 구체적 기준이 마련된 것이다.

한 가지 더. 참여하게 하는 방법 중 퀴즈쇼나 토크쇼를 활용하는 방법도 괜찮다. 한 건강 세미나에서 강사가 청중에게 질문했다.

"체온계는 몇 도까지 있는지 아세요?"

"100도?"

"72도?"

여기저기에서 청중이 손을 들고 대답했다. 한 청중이 손을 들고 말했다.

"42도입니다."

"딩동댕. 맞습니다. 체온계는 42도까지밖에 없습니다."

강사가 질문을 맞힌 사람에게 미리 준비한 조그마한 선물을 주었다. 그가 이어서 질문했다.

"그럼 체온계가 왜 42도까지밖에 없을까요?"

정답은 '그렇게 열이 나면 사람은 죽기 때문이다.' 그래서 42도 이상은 표시할 필요가 없기 때문에 체온계는 42도까지밖에 없다.

그러면서 그의 건강 세미나는 이어졌다. 정상적인 사람의 체온은 36.5도다. 그런데 사람이 아프면 체온이 올라가는데 체온이 41도를 넘으면 사람은 혼수상태에 빠지고 42도가 되면 사망에 이르게 된다. 퀴즈쇼를 활용해 상대방 참여를 유도하는 방법이었다.

상담에서 상대방으로 하여금 내가 하려는 말에 관심을 갖게 하고 또 내 말을 따라오게 하려면 상대방을 주거니 받거니 상담에 참여하게 하는 것이 좋다. 퀴즈쇼를 활용하거나 토크쇼를 활용하는 것이 그 한 가지 방법이다.

단점까지 말하라고?

에이~

그러다 등 돌리면 어쩌려고?

'장설사'는 결국 죽는다.

'장점만 설명하는 사람'이

장설사다.

단점까지 설명하면
마음의 빗장이 풀린다

사느냐 죽느냐, 그것이 문제로다

"사느냐 죽느냐, 그것이 문제로다." 셰익스피어의 《햄릿》에 나오는 명대사다. 생과 사의 갈림길에서 고민하고 번뇌하는 햄릿의 심정이 이 한마디에 고스란히 담겨 있다. 삼촌이 아버지를 죽이고 어머니를 데려가 결혼하자 햄릿은 고민과 번뇌에 휩싸인다. 자살을 택할 것인가, 아니면 삼촌을 죽이고 복수할 것인가?

"설명할 것이냐 말 것이냐, 그것이 문제로다." 장점만 설명할 것이냐, 아니면 단점까지도 설명할 것이냐를 놓고 고민하고 번민하는 당신 심정이다.

세부 내용을 설명하는 30분 단계에서 가장 많이 고민하는 것이 도대체 어디까지 설명해야 하느냐는 것이다. 대부분 사람들은 장점만 부각하는 데 주력한다. 그리고 단점은 최대한 숨기려 한다. 단점을 설명하면 혹시 상대방이 도망갈까봐 안절부절못한다. 그러나 그럴 필요 없다. 단점까지도 설명하는 배짱과 용기가 필요하다.

용기를 내어 과감해져라. 장점만이 아니라 단점까지 설명하라. 나는 감히 말한다. 단점을 설명한다 하더라도 죽지 않는다. 지금까지 내 경험에 비추어볼 때 단점까지 설명했더니 오히려 일이 더 잘 풀려나갔다.

햄릿이 절규한다. "약한 자여, 그대 이름은 여자로다." 아버지를 죽인 원수 삼촌과 결혼한 어머니를 원망하면서 토해낸 대사다. "약한 자여, 그대 이름은 '**장설사**'로다." 햄릿이 오늘 당신에게 피를 토하는 심정으로 던지는 한마디다. 장설사는 장점만 설명하는 사람이다. 장점만 설명하려는 당신은 약자 중 약자라는 말이다.

장점만 설명하면 이름 그대로 설사를 주룩주룩하게 된다. 용서하시라. 표현이 조금 지저분했다. 그렇다 하더라도 잊지 마라. 장점만 설명하려고 하지 말고 용감하게 단점까지도 설명하라.

단점까지도 용감하게 설명하라

이 단계에서 반드시 기억해야 할 것은 '판단은 상대방 몫이다'라는 것이다. 선택하느냐 선택하지 않느냐 하는 결정은 상대방이 하는 것이다. 내가 하는 것이 아니다. 상대방이 판단하고 결정해야 할 몫까지 내가 나서서 걱정할 필요는 없지 않은가.

대형마트 과일 코너에 푯말이 하나 붙었다.

"흠집 난 과일입니다."

이런 푯말과 함께 이 코너 과일은 다른 코너 과일보다 파격적으로 싸게 팔았다. 주부들이 북새통을 이루었다. 과일에 흠집이 있음을 솔직히 인정하고 가격을 낮춰 판 것이 오히려 주부들의 발길을 잡았다. 단점을 솔직하게 말해줘라. 그것을 수용하느냐 안 하느냐 하는 것은 상대방 몫이다.

장마철에는 이런 푯말이 붙어 있었다.

"품질은 좋지만 당도가 떨어집니다."(살구)

"산지 우천으로 당도가 떨어집니다."(참외)

"다소 무른 상품이 있습니다. 선별해서 고르세요."(자두)

단점을 솔직하게 밝히는 솔직마케팅이다. 신뢰는 어느 날 갑자기 하늘에서 뚝 떨어지는 것이 아니다. '솔직'이라는 것이 하나씩 하나씩 쌓여 퇴적층을 이룬 것이 신뢰라는 퇴적물이다. 그래서 나는 신뢰를 '솔직 퇴적물'이라고 한다.

상대방 평가 방식이 바뀐다

백화점 명품관에서 빨간색 핸드백을 구입한 여성이 말한 경험담이다. 평소에 빨간색 핸드백을 구입하고 싶었다. 그래서 남편을 조르고 졸라서 생일선물로 빨간색 핸드백을 사달라고 했다. 남편과 함께 백화점 명품관에 들렀다.

명품관에서 상품을 설명해주는 매니저가 빨간색 핸드백에 대해 이 것저것 설명하기 시작했다. 재질은 어떤 것으로 만들어졌다는 설명과 함께 핸드백의 주요 기능을 하나하나 얘기하더니 마지막에 "이 핸드백은 한 가지 주의해야 할 점이 있어요"라면서 단점 하나를 지적해주었다. 색깔이 빨간색이다보니 어깨끈으로 핸드백을 메고 다니다보면 허리에 스치는 부분이 탈색될 수 있다는 것이었다. 검은색 핸드백은 별로 표시 나지 않는데 빨간색 핸드백은 표시가 날 수 있다는 설명이었다.

그 말을 들은 그 여성이 주춤했다. "그래요? 그러면 다시 한번 생각해볼게요"라면서 명품관을 나왔다. 그런데 다음 날 그녀가 다시 명품관을 찾았다. "고민해봤는데 그래도 빨간색으로 할래요"라면서 빨간색 핸드백을 구입했다고 한다.

단점까지도 숨기지 않고 솔직하게 설명하면 상대방의 평가 방식이 이렇게 바뀐다.

첫째, 단점까지 설명하는 나를 객관적인 사람이라고 생각한다.

둘째, 단점을 설명하는 나에게 신뢰를 보낸다.

셋째, 단점을 알면서도 선택한 자신에 대해 우월감을 느낀다.

한 보험 세일즈맨의 경험담이다. 고객과 보험 상품에 대해 상담할 때였다. 고객의 라이프 사이클에 맞추어 두 상품을 준비해서 설명했다. 두 상품의 특징을 하나하나 설명해주었더니 고객이 뜬금없이 이런 질문을 했다.

"어느 상품을 팔아야 당신에게 더 이익이에요?"

그의 아킬레스건을 훅 치고 들어오는 당혹스러운 질문이었다. 잠시 주춤하다가 웃는 얼굴로 이렇게 대답했다.

"고객님에게는 A상품이 더 좋고요. 저에게는 B상품이 수당이 더 많습니다."

솔직하게 있는 그대로 말한 것이다. 그랬더니 고객이 B상품으로 결정하자고 했다. 의외가 아닐 수 없었다. 당연히 A상품으로 선택할 줄 알았는데 고객은 오히려 세일즈맨에게 유리한 상품을 선택하더란

것이다.

단점을 숨기려고 하지 마라. 작은 단점, 사소한 결점까지도 솔직하게 말하는 용기가 필요하다. 걱정하지 마라. 상대방을 믿어라. 상대방은 항상 솔직한 사람의 손을 들어준다.

가장 좋은 무기는 '인통(人通)'이다

"통즉불통 불통즉통(通卽不痛 不通卽痛)." 이는 무슨 뜻인가? 통할 통(通), 곧 즉(卽), 아니 불(不), 아플 통(痛)이니 '통하면 아프지 않고 통하지 않으면 아프다'는 말이다.

우리 심장을 보라. 지금 이 시간에도 심장은 끊임없이 쿵쾅쿵쾅하면서 피를 뿜어주고 있다. 심장에서 나온 이 피가 우리 몸 구석구석 모세혈관까지 어느 한곳 막힘 없이 잘 통해야만 우리에게는 아무런 문제가 없다.

만약 어느 한곳이라도 막힌 곳이 있다면 몸에 이상 증상이 나타난다. 즉 심장에서 품어준 피가 머리로 올라가 머리끝 모세혈관까지 막힘없이 잘 통해야 하는데, 머리 부분의 어느 한곳에서 막히게 된다면 어떻게 되는가? 뇌경색이 일어난다.

그러면 그 후유증이 어마어마하다. 반신불수가 되거나, 치매에 걸리거나, 말을 못한다거나, 기억력을 잃게 된다.

세부 내용을 설명하는 단계에서는 다음 세 가지가 막힘 없이 잘 통해야 한다. 인통(人通), 심통(心通), 소통(疏通)이다. 세 가지 중 어느 것하나라도 제대로 통하지 않고 막히면 문제가 생긴다. 상담에 실패하게 된다는 말이다.

인통(人通)은 인간적으로 통하는 것이다. 심통(心通)은 마음이 통하는 것이다. 소통(疏通)은 말이 통하는 것이다. 이 중에서 제일 중요한 것은 인간적으로 통하는 인통이다. 인간적으로 통해야 마음이 통하는 심통이 일어나고 심통이 일어나야 비로소 말이 통하는 소통으로 이어진다.

상담에서 상대방의 결정은 인통 → 심통 → 소통 순으로 이어진다. 상대방이 선택하고 결정하는 출발점이 인통이다. 상담에서 가장 좋은 무기, 가장 막강한 힘이 있는 무기가 인통이다.

인통 방법, 즉 인간적으로 통하는 결정적 방법이 단점까지도 설명하는 것이다. 단점도 숨기지 마라. 단점까지 설명하면 상대방은 마음의 빗장을 스스로 연다.

66

5장

공감설득을 위한
상담 스킬

99

성공하는 사람은 상담 스킬이 다르다.
그들은 어떻게 접근하기에 상대방 마음을 쉽게 움직일까?

내 얼굴에
상담의 절대원칙이 있다고?
정말?

입은
상황에 따라 닫아야 한다.
귀는
항상 열어두어야 한다.

카타르시스가 일어나면
변화는 저절로 시작된다

카타르시스(catharsis)라는 말이 있다. 이 말은 정화, 배설을 뜻하는 그리스어인데 종교 분야에서 정화라는 의미로 쓰일 뿐만 아니라 의학 분야에서 몸 안의 불순물을 배설한다는 의미로도 쓰인다.

여기서 돌발퀴즈 하나 내겠다.

"모든 비밀은 ☐☐☐☐☐가 알고 있다."

누구일까? 정답은 성당 신부다. 먼저 종교적인 면에서 카타르시스가 사용되었다. 성당에 다니는 사람은 마음으로 지은 죄, 행동으로 지은 죄를 신부에게 가서 다 털어놓는다. 이를 '고해성사'라고 한다. 신부에게 마음속에 있는 것을 다 털어놓고 돌아서면 마음이 어떤가? 후련해진다. 카타르시스가 일어났기 때문이다.

그다음 카타르시스를 활용하는 곳이 정신과 병원이다. 정신과 병원에서 환자들을 치료할 때 많이 쓰는 방법이 환자에게 카타르시스가 일어나게 하는 것이다.

40대 주부들 중 정신과를 찾는 사람이 부쩍 늘었다고 한다. 경기가 어려워져 소득이 줄고, 물가는 올라가고, 스트레스는 쌓이고…. 이런 것늘이 쌓이고 쌓여 우울증으로 발선하게 되었기 때문이란다.

그러면 정신과에서 우울증 환자를 치료하는 방법이 무엇일까? 우울증 환자로 하여금 마음속에 있는 것을 다 털어놓게 한다. 시어머니 문제, 남편 문제, 자녀들 문제 등 마음속에 쌓여 있는 문제를 20~30분 동안 눈물·콧물 흘리면서 다 털어놓게 만든다. 마음속에 켜켜이 쌓여 있는 것들을 다 털어놓으면 후련해진다. 카타르시스가 일어났기 때문이다.

카타르시스가 일어나게 하라

사람 마음을 움직이는 효과적인 방법은 무엇일까? 결론부터 말하면 카타르시스가 일어나게 하는 것이다. 겉으로는 행복해 보이는 사람도 좀더 친해지고 보면 고민이 없는 사람이 없다. 자식 문제, 남편 문제, 경제 문제, 시어머니 문제 등 고민거리를 주렁주렁 달고 산다. 그러면서 겉으로는 행복한 척, 아무 문제없는 척, 즐거운 척하면서 살아간다.

사람들은 쉽게 자기 문제점이나 고민거리를 털어놓지 않는다. 속마음을 보여주지 않는다. 그래서 사람 마음을 움직이는 데 명수인 사람들을 보면 상대방의 보호막을 벗겨내는 일부터 한다. 상대방이 마음속에 보호막을 치고 나오면 깊이 있는 대화가 되지 않는다. 형식적인 대화만 이루어질 뿐이다. 그러면 근본적인 문제는 해결되지 않는다.

공감설득을 위해서 먼저 해야 하는 일이 있다. 상대방이 마음속에 쳐놓은 보호막을 스스로 제거하게 하는 일이다. 그러기 위해 상담의 명수들은 자신이 말을 많이 하기보다는 듣는 데 집중한다. 상대방이 말을 많이 하게 함으로써 상대방의 마음속에 있는 보호막을 스스로 벗어던지게 하고, 또한 상대방 마음속에 카타르시스가 일어나게 하기 위해서다.

중간에 말을 끊지 마라

정철의 《불법 사전》이라는 책에 실린 글을 소개한다. 말을 많이 하는 사람은 속담 하나도 끝까지 듣지 않는다.

'침묵은 금이다'라는 속담도 '침묵은'까지만 듣고 더 듣지 않는다. 내 말하기 바쁘니까. '침묵은'까지만 듣고 '침묵 = 은'으로 받아들인다. 그래서 세상이 시끄러운 것이다. 금과 은의 차이만큼 시끄러운 것이다. 속담은 이렇게 바뀌어야 한다. 침묵이 금이다.

이는 경청의 중요성을 말한 것이다. 상대방이 말을 할 때 중간에 끊지 말고 끝까지 들어야 한다는 것을 강조한 날이다. 중간에 말을 끊지 마라. 상대방이 말하는데 중간에 말을 끊는 사람은 설득하려고 덤비는 사람이다. '침묵은'까지만 듣는 것과 같다. 중간에 상대방의 말을 끊고 들어오는 것은 마치 전기선을 싹둑 잘라놓고 전기가 흐르기를 바라는 것과 같다. '침묵은'까지만 듣고 전기선을 싹둑 잘라버렸다. '침묵은' 다음에 흘러야 할 가장 중요한 내용인 '금이다'라는 부분이 흐르지 못했다. 그래서 '침묵 = 은'이라는 엉뚱한 괴물을 만들어낸 것이다.

생각해보라. 내가 말을 많이 하면 카타르시스는 나에게만 일어난다. 그러면 해결되는 것은 아무것도 없다. 오히려 '침묵 = 은'이라는 곡해만 생산할 뿐이다. 반대로 상대방이 말을 많이 하면 카타르시스는 상대방에게 일어난다. 그러면 상대방이 달라진다. 스스로 변화를 일으키게 된다. 그때서야 비로소 '침묵은 금이다'라는 말의 의미가 제대로 전달되는 상황이 된다. 내가 말을 많이 하기보다는 상대방으로 하여금 말을 많이 하게 해야 한다. 그래야 상대방에게 카타르시스가 일어나게 되고, 그러면 변화가 빨리 일어난다.

입이 큰 사람보다 귀가 큰 사람이 이긴다

상담할 때는 '7 : 3 법칙'을 따르는 것이 좋다. 상대방이 70%를 말하게 하고, 내가 30%를 말한다는 법칙이다. 손해 보는 것이 아니라면 따르지 못할 이유도 없다. 그 대표적인 예가 다음 이야기가 아닌가 싶다.

불법주차 차량 견인보관소에서 있었던 일이다. 급한 일이 있어 골목길에 잠깐 주차해놓고 볼일을 보고 나왔는데 주차해놓은 자리에 내 차가 없었다. 하늘로 솟았는지, 땅속으로 꺼졌는지 내 차가 사라지고 만 것이다.

그리고 땅바닥에 덩그러니 딱지 한 장만 붙어 있었다. 견인된 차를 찾으려면 어디로 오라는 안내장이었다. 씩씩거리면서 택시를 타고 견인보관소로 갔다. 견인보관소에 도착했더니 먼저 도착한 사람이 큰 소리로 소리를 지르고 있었다.

"어느 놈이 내 차 끌고 왔어? 여기 책임자가 누구야?" 목소리 큰 사람이 이긴다는 법칙의 신봉자였다. 일단 소리부터 지르고 보는 것이다. 이런 상황에서 그 사람에게 대응하는 견인보관소 담당자가 흥미로웠다.

첫 번째 담당자가 나왔다. 그는 흥분한 고객을 설득하려고 했다. 고객이 언성을 높이며 입에 담지 못할 험한 말을 하자 그도 흥분하면서 이렇게 말했다. "왜 저한테 이러십니까? 불법주차는 선생님이 해놓고 저한테 화를 내시면 어떻게 합니까?" 그의 말에 고객은 더 화가 나서 "뭐야, 이XX, 여기 책임자 누구야? 책임자 나오라고 해"라고 하면서 더 흥분했다.

두 번째 담당자가 나왔다. 50세가 넘어 보이는 중년 남자였다. 그는 고객이 하는 말을 듣고만 있었다. 그러면서 중간중간 "아, 예. 그러셨군요", "많이 당황하셨겠네요", "화가 날 만도 하시네요", "저도 같은 상황이라면 선생님 같을 겁니다" 등과 같은 말로 맞장구를 쳐주었다. 그렇게 5분, 10분 시간이 흘렀을까. 혼자 큰 소리로 떠들어대던 고객 목소리 톤이 조금씩 낮아졌다. 그러더니 "에이, 할 수 없죠. 불법주차한 내가 잘못이지" 하면서 차를 찾아갔다.

첫 번째 사람은 고객을 설득하려고 했다. 그러나 그는 고객을 설득하기는커녕 자기만 스트레스를 받고 있었다. 두 번째 사람은 공감설득으로 임했다. 상대방을 설득하려 하기보다 먼저 카타르시스가 일어나게 했다. 그랬더니 문제가 원만하게 해결되었다.

"하나님이 인간을 만들 때 입을 닫을 수 있게 설계했다. 그리고 귀는 닫을 수 없게 설계했다. 왜 그랬을까?" 입은 상황에 따라 닫을 줄 알아야 하고 귀는 항상 열어두어야 한다는 것이다. 즉 입이 큰 사람이 되지 말고 귀가 큰 사람이 되라는 것이 아닐까?

당신은 입이 큰 사람인가, 귀가 큰 사람인가? 무슨 뚱딴지 같은 질문이냐고? 그럼 질문을 바꿔보자. 당신은 사람들과 이야기할 때 말을 많이 하는 편인가, 아니면 듣기를 많이 하는 편인가? 당신이 말을 많이 하는 사람이라면 당신은 입이 큰 사람이다. 상대방을 설득하기 위해 말을 많이 하는 것이다.

반면 상대방으로 하여금 말을 많이 하게 하는 사람이면 귀가 큰 사람이다. 상대방이 자기 속에 있는 것을 다 털어놓게 함으로써 상대방 마음을 후련하게 해주고 자연스럽게 스스로 변하게 하는 것을 잘하는 사람이다.

농담이야, 농담.
농담을 진담으로 받아들이면
어떻게 해?

어떠한 경우에도
부정적인 말이
농담이라는 포장으로
허용될 수는 없다.

농담일지라도
부정적인 말은 피하라

> **꽃으로도 때리지 마라**

《꽃으로도 때리지 마라》라는 책이 있다. 배우 김혜자가 10년 넘게 아프리카 곳곳에서 구호활동을 하면서 경험한 일들을 담은 수필집이다. '꽃으로도 때리지 마라'는 책 제목이 담고 있는 의미는 무엇일까?

어떠한 경우라 해도 아이들에게 폭력을 가해서는 안 된다는 것이다. 꽃으로 때려서 아플 것은 없지만 그렇다고 폭력이 용납될 수는 없다는 것이다.

나는 이 말을 '농담으로도 때리지 마라'라고 바꿔본다. 상담할 때 농담으로도 상대방에게 상처를 주는 일이 없어야 한다는 말이다. 농담이라도 부정적인 말은 하지 말아야 한다. 나는 농담일지 몰라도 상대방에게는 폭력으로 느껴질 때가 있기 때문이다.

한 친구는 심한 말을 해놓고 분위기가 이상해지면 "농담이야, 농담!"이라고 한다. 어떠한 경우라 해도 부정적인 말이 농담이라는 포장으로 허용될 수는 없다.

40대 남자가 테니스 동호회에 가입했다. 동호회에 처음 참석한 날 있었던 일이다. 신입회원 환영을 겸해서 저녁식사 자리가 만들어졌다. 자연스럽게 술도 같이 곁들여졌다. 기존 회원들은 주거니 받거니 서로 술잔에 술을 따르고 신입회원에게는 동호회 총무가 술잔에 술을 따를 때였다.

신입회원: 저, 죄송하지만 저는 술을 못합니다.
총무: 진짜요?
신입회원: 네, 아직 술을 배우지 못했습니다.
총무: 술 못하면 오지 마세요. 술 배운 다음 오세요.

그냥 농담으로 한 말이었다. 웃자고 한 말이었다. 친근감을 주려고 한 말이었다. 그러나 신입회원은 그날 이후 두 번 다시 그 모임에 가지 않았다.

농담일지라도 부정적인 말은 하지 말아야 한다. 나는 농담으로 말했을지도 모르지만 상대방은 그 말을 농담으로만 받아들이지 않을 수 있기 때문이다. 더욱이 농담이 언어폭력으로 느껴진다면 그 후유

중은 감당하기 힘들게 될 것이다.

한 방송국에서 '말에 따라 사람 감정이 어떻게 달라지는가?'에 대한 실험을 했다. 남녀 10명의 실험대상자를 선정해서 각 5명씩 A그룹, B그룹으로 나누었다. A그룹은 30대 젊은 사람이 진행자로 있는 방에 한 명씩 차례대로 들어가게 하고, B그룹은 60대 노신사가 진행자로 있는 방에 차례대로 들어가게 했다.

건물 현관에서부터 실험실까지 거리는 50m 정도 되었다. 실험대상자 10명이 현관에 들어설 때부터 실험실까지 들어갈 때 걸리는 시간을 초시계로 실험자 몰래 미리 측정했다.

A그룹 실험자 5명이 순서에 따라 한 명씩 차례대로 실험 방으로 들어갔다. 그 방에는 30대 젊은 진행자가 '행복한, 힘찬, 화사한, 봄과 같은, 인생 설계, 사랑해' 등과 같은 단어가 있는 카드 30장을 보여주며 30초 안에 한 문장을 만들어보라고 했다. 카드 30장이 젊은이를 연상하게 하는 단어들로 되어 있었다. 긍정적인 단어들이 들어 있는 카드였다.

B그룹 실험자 5명에게는 60대 남자가 진행자로 있는 방으로 한 명

씩 차례대로 들어가게 하고 '쓸쓸한, 외로운, 노후연금, 휠체어를 탄, 죽는다면' 등과 같은 단어들을 보여주면서 문장을 만들어보라고 했다. 모두 노인을 연상하게 하는 단어들이었다. 부정적인 단어들이 들어 있는 카드였다.

실험자들이 실험을 마치고 실험실을 나와 현관까지 걸어가는 시간을 몰래 측정했다. 그랬더니 놀라운 결과가 나왔다. 긍정적인 단어카드를 보고 나온 사람들은 실험실을 나갈 때 발걸음이 들어올 때보다 훨씬 빨라졌다.

반면 부정적인 단어카드를 보고 나온 사람들은 들어올 때보다 나갈 때 발걸음 속도가 현저히 떨어졌다. 부정적인 카드를 보고 나온 실험자 몇 사람에게 물었다.

진행자: 들어오실 때보다 나가실 때 발걸음이 느려졌는데 아세요?

실험참석자 1: 정말요? 몰랐어요.

실험참석자 2: 그래요? 지금 듣고 알았어요.

실험참석자 3: 단어들이 약간 가라앉는다고나 할까? 좀 처진다고 해야 할까? 그런 생각이 들었어요.

긍정의 단어를 보느냐, 부정의 단어를 보느냐에 따라 사람이 느끼는 감정이 달라지고 행동도 달라진다는 것을 보여주는 실험이었다.

이 실험에서 한 가지를 배운다. 상담에서 내가 어떤 말을 하느냐에 따라 상대방 감정이 달라질 수 있다는 것이다. 긍정적인 말을 하면 상대방도 긍정적으로 바뀌고, 부정적인 말을 하면 상대방도 부정적으로 바뀔 수 있다는 것이다.

긍정의 말을 하면 한 발 더 나은 곳으로 상담을 이끌어가고, 부정의 말을 하면 한 발 더 깊은 수렁으로 상담을 이끌어간다.

긍정적인 표현을 습관들여라

말은 내 입안에 있으면 통제가 가능하지만 입 밖으로 나오는 순간 통제가 불가능하다는 사실을 잊어서는 안 된다. 그래서 평상시 부정적 표현보다는 긍정적 표현의 말을 습관들이는 것이 중요하다.

부정적인 감정을 북돋우는 언어

걱정, 짜증, 비판, 조급, 침울, 화, 스트레스, 독선, 방어, 비교

긍정적인 감정을 북돋우는 언어

감사, 칭찬, 격려, 고마움, 희망, 통찰, 유머, 유연, 지혜, 배려

사람의 마음을 움직이려고 한다면 부정적 감정을 북돋우는 언어를 사용하기보다 긍정적 감정을 북돋우는 언어를 사용하는 것이 좋다.

말 바꾸기 게임을 해보자. 부정적 표현을 긍정적 표현으로 바꾸는 게임이다. 먼저 부정적 단어들을 긍정적 단어들로 바꾸어보자.

죽겠다 →

어렵다 →

안 돼 →

못 산다 →

너무 멀다 →

못해 →

부정의 못된 말을 긍정의 예쁜 말로 바꿔보는 것이다. 어떻게 바꾸었는지 한번 보자.

'죽겠다 → 살겠다, 어렵다 → 쉽다, 안 돼 → 잘돼, 못 산다 → 잘 산다, 너무 멀다 → 무척 가깝다, 못해 → 잘해' 등으로 바꿨는가? 100점이다. 당신과 만나 대화하는 사람들은 누구나 긍정의 마음으로 바뀔 것이다.

한 단계 더 나아가보자. 부정적 표현을 긍정적 표현으로 바꿔보는 것이다.

년 그게 문제야. → 년 그게 장점이야.

이것도 생각이라고 한 거야? → 좋은 생각이야.

도대체 나한테 해준 게 뭔데? → 늘 고마워.

다음은 당신 언어로 부정적 표현을 긍정적 표현으로 바꿔보자.

지금 상황에서는 힘들 것 같다. →

이것밖에 할 수 없는 게 나를 화나게 해. →

부정적 표현이 긍정적 표현으로 바뀌는 순간 당신을 만나는 사람은 긍정적으로 바뀌게 된다.

화가 나면
화를 내야지.
그냥 참으라고?

격한 감정을
부드럽게 표현하는 사람이
진짜 프로다.

감정쿠션을 이용해
센스 있게 표현하라

화내면 지는 거다

우스갯소리로 '부러우면 지는 거다'라는 말을 많이 한다. 다른 사람의 결과를 보고 부러워하면 나는 상대적으로 패배자가 된다는 말이다. 내가 하려는 목표를 향해 더욱 분발하고 노력해서 좋은 결과를 만들어야 한다고 스스로 다짐할 때 많이 사용하는 표현이다. 이 말이 상담에서는 이렇게 바뀌어 사용된다.

'욱하면 지는 거다', '감정이 격해지면 지는 거다', '얼굴색이 붉으락푸르락해지면 지는 거다', '흥분하면 지는 거다', '언쟁하면 지는 거다', '화내면 지는 거다', '막말하면 지는 거다' 등.

어떤 경우라 해도 감정이 격해져 상대방에게 화를 내거나 막말을 해서는 안 된다는 것이다. 감정이 격해지면 얻을 것은 아무것도 없다. 사람을 상대로 하는 일에서는, 특히 사람과 상담할 때 필수적으로 갖추어야 할 요건이 하나 있다. 바로 감정 관리다.

감정을 조절할 줄 알아야 한다. 내가 먼저 흥분하거나 감정이 격해져서는 안 된다. 격한 감정도 센스 있고 부드럽게 표현하는 기술이 필요하다.

감정쿠션을 아는가?

한 아파트 집단 민원 현장에 현수막 하나가 내걸렸다. "내 생에 첫 번째 실수는 우리 남편 만난 것이고, 두 번째 실수는 ○○아파트 분양받은 것이다." 재미있고 센스 있는 현수막이다. 이 현수막에는 감정쿠션이 들어 있다. 격한 감정도 감정쿠션이 있으면 부드러워진다. 같은 표현이라도 센스를 담으면 사람들 반응이 달라진다.

쿠션(cushion)이란 솜이나 스펀지를 넣어 만든 등받이와 같이 딱딱한 것을 편하게 완충작용하는 것을 말한다. 감정쿠션은 격한 감정을 있는 그대로 드러내는 것이 아니라 유머라는 여과장치로 재치 있고 재미있게 표현하는 것을 말한다. 사람과 상담할 때는 감정쿠션이 필요하다. 감정쿠션은 격한 감정이 올라올 때 잠시 시간 공백을 주는 것이다.

에이브러햄 링컨은 얼굴이 못생긴 것으로 유명하다. 일명 '가을남자(추남)'다. 그가 못생겼다는 것은 모두가 아는 사실이다. 어느 날 링컨이 반대당으로부터 인신공격을 받았다.

"당신은 겉과 속이 다른 이중인격자입니다."

이 말을 들은 링컨은 웃으며 말했다.

"그래요? 내가 정말 얼굴이 두 개라고 한다면 이 중요한 자리에 왜 하필 이렇게 못생긴 얼굴로 왔겠습니까?"

그에게는 감정쿠션이 있었다. 격한 감정도 부드럽게 표현하는 센스가 사람들 마음을 붙잡았다.

100세를 산 노인에게 "세상을 살다보면 때로는 무례한 말을 하는 사람이 있었을 텐데 그럴 때는 어떻게 하셨어요?"라고 물었다. 그랬더니 그는 "놔두니까 다 죽던데"라고 했다. 센스 있는 한마디다. 감정 쿠션의 효과를 단적으로 표현한 말이다. 격한 감정은 내버려두면 저절로 죽는다.

센스 있는 한마디가 이긴다

언젠가 모임에서 친구가 했던 이야기가 생각난다. 부부 교실에서 있었던 일이라고 했다. 부부관계 치유과정의 하나로 '아내 자랑하기'

프로그램이 진행되었다. 참석한 부부 중에서 남편이 아내 자랑을 한 가지 이상 하라는 것이었다.

남편들이 가장 무서워하는 시간이다. 이 시간이 지나면 무서운 심판 시간이 기다리고 있기 때문이다. 어떤 말을 어떻게 하느냐에 따라 그닐 저녁 밥상이 딜라진다.

남편들의 아내 칭찬이 이어졌다. 어떤 남편은 아내가 음식을 잘한다고 했다. 어떤 남편은 아내가 노래를 잘한다고 했다. 또 어떤 남편은 직장생활을 잘하는 아내가 자랑스럽다고 했다.

이렇게 아슬아슬한 순간이 지나갔고 한 남편 차례가 되었다. 모든 사람의 시선이 이 남편에게 쏠렸다. 이 부부는 전쟁 같은 사랑을 하고 있었다. 지난 수업시간에 하루하루가 전쟁터라고 했기 때문이다. 그러니 오늘은 또 어떤 폭탄발언이 나올까 걱정 반 호기심 반으로 그를 쳐다보았다. 드디어 그가 말했다.

"제 아내는 다른 분들처럼 잘하는 게 없습니다. 요리도 못합니다. 노래도 못합니다. 특별히 잘하는 게 없는 것 같습니다."

그가 잠시 뜸을 들였다.

"… 근데 그냥 예뻐서 데리고 삽니다."

이 한마디에 빵 터졌다. 누가? 그 사람의 아내가 빵 터졌다. "어머, 어머, 이 이가…" 아내는 빨개진 얼굴로 깔깔대며 남편을 마구 두들겼다. 그의 아내는 다른 사람들이 보기에도 그리 예쁜 얼굴은 아니었다.

센스 없는 남자는 여자를 슬프게 한다. 센스 없는 여자는 남자를 괴롭게 한다. 또 센스 없는 사람은 세상을 힘들게 산다. 센스 있는 말, 센스 있는 문구, 센스 있는 행동, 센스 있는 칭찬 등 모두가 사람 마음을 사로잡는 방법이다.

격한 감정도 유머스럽게 표현하는 센스가 필요하다. 아무것도 아닌 사소한 것도 중요한 의미가 있게 표현하는 센스가 필요하다. '센스가 없으면 센세이션도 없다'는 말을 잊지 말자.

센스 있게 표현하는 연습을 하라

백화점 의류매장에서 근무하는 직원이 둘 있었다. 그런데 두 사람의 판매 실적이 완전히 극과 극이었다. 한 직원은 고객을 내쫓았다. 그와 상담하는 고객은 발길을 돌려버렸다.

그런데 한 직원은 고객의 반응이 달랐다. 안 팔리는 상품도 그를 만나면 매출이 달라졌다. 그 원인이 무엇일까? 그들의 행동을 가만히 관찰해보았다.

고객이 옷을 입어보더니 혼잣말로 이렇게 말했다.

"가격이 좀 비싸지 않나?"

그러자 점원이 기겁하면서 이렇게 말했다.

"무슨 말씀이세요, 고객님. 절대 비싸지 않습니다. 가격이 아니라 품질을 보셔야죠. 그만한 가치를 합니다."

이 말에 고객은 뾰로통해져 매장을 나가버렸다. 이기려고 하면 시는 거다. 고객을 이기려고 덤비니까 고객이 나가버린 것이다.

그런데 다른 직원의 응대는 달랐다. 고객이 직원에게 물었다.

"가격이 좀 비싸지 않나요?"

그러자 직원은 웃는 얼굴로 이렇게 말했다.

"네, 싸다고 생각하지는 않습니다. 그런데 어떤 사람들은 오히려 싸다고 하던데요. 아마도 품질을 먼저 보신 것 같습니다."

가격은 상대적이다. 가격을 먼저 보느냐 품질을 먼저 보느냐에 따라 가격에 대한 감정이 달라진다. 가격이 우선인 사람에게는 품질이 아무리 좋다 해도 가격은 비싸게 느껴진다. 그러나 품질이 우선인 사람은 가격이 비싸다 해도 그것이 비싸다고 느껴지지 않는다. 이러한 가격심리를 우회적으로 표현한 말이었다.

이 말을 들은 고객은 "그렇긴 해요" 하더니 지갑에서 카드를 꺼내 결제했다.

똑같은 상황이라 해도 어떻게 말하느냐에 따라 상대방 감정이 달라진다. 센스 있게 표현하느냐 그렇지 않느냐에 따라 상대방 감정은 롤러코스터를 탄다. 센스 있게 말하는 연습을 하라. 센스 있게 말하는 데 결정적 역할을 하는 것이 감정쿠션이다.

내 입에서 '아니요'라는 소리가 나오려고 할 때 감정쿠션으로 바퀴벌레를 짓누르듯 눌러버려라. 그 대신 '예'라는 소리로 바꿔 내보내라. 격한 감정이 튀어나오려고 할 때 감정쿠션을 이용해 짓눌러라. 격한 감정도 부드럽고 재미있게 표현하는 센스가 사람 마음을 움직인다.

매직워드?

그게 뭐야?

말이 마술을 부리나?

말 속에

살아 있는 에너지가 있다.

사람 마음을 움직이는 표현이

매직워드다.

매직워드를
약방의 감초처럼 사용하라

우리가 잘 알고 있는 바보 온달과 평강공주 이야기를 하려고 한다. 어떻게 평강공주는 바보 온달을 장군으로 만들었을까? 일단 인터넷에서 평강공주 이야기부터 찾아보았다.

고구려 25대 평원왕에게는 평강이라는 울보 공주가 있었다. 자나 깨나 울기만 하는 공주를 달래려고 평원왕은 "너 그렇게 울면 바보 온달에게 시집보낸다"라고 농담 섞인 으름장을 놓았다.

어릴 때부터 이 말을 듣고 자란 평강은 나이가 들어 시집갈 때가 되자 평소 아버지가 입에 달고 살았던 온달에게 시집보내겠다는 말을 운명으로 생각하게 되었다. 그래서 궁궐을 뛰쳐나가서는 온달 집으로 찾아가 그의 아내가 되었다.

그때 평강공주는 온달이 절대로 바보가 아님을 깨닫고 무예와 학문을 연마시켜 고구려 최고 장군으로 만들었다. 평강공주가 바보 온 달을 장수로 만든 비결은 '난 당신을 믿어요'라는 한마디였다고 한다.

매직워드(magic word)가 있다. 말 속에 살아 있는 에너지가 있어 사람 마음을 움직이는 표현을 매직워드라고 한다. 사소한 말이지만 상대방 마음을 움직이는 강력한 힘을 지닌 표현이 매직워드다. 바보 온 달을 장수로 만든 것은 '난 당신을 믿어요'라는 매직워드였다.

매직워드가 사람을 움직인다

말에는 에너지가 있다. 사람 마음을 열게 하는 긍정적 에너지가 있고 사람 마음을 닫게 하는 부정적 에너지가 있다. 긍정적 에너지가 있는 매직워드를 사용하면 사람 마음이 긍정적으로 움직이게 된다. 반면 부정적 에너지가 있는 매직워드를 사용하면 사람 마음이 부정적으로 움직이게 된다. 긍정 에너지가 있는 매직워드를 살펴본다.

존재감을 키워주는 말: **당신 멋져.**

능력을 200% 이끌어내는 말: **당신을 믿어.**

특별한 사람으로 만들어주는 말: **역시 당신은 달라.**

마음을 풀어주는 말: **고마워. 미안해.**

마음을 열어주는 말: **부탁해. 실례합니다.**

기를 살려주는 말: **잘했어. 최고야. 괜찮아. 잘될 거야.**

힘들고 어려울 때 사람을 일으켜주는 말이 있다. 지쳐서 쓰러진 사람들에게 힘과 용기를 불어넣어주는 말이 있다. 바로 매직워드다.

"넌 이대로도 괜찮아. 아주 잘하고 있어. 그동안 얼마나 힘들었을까? 나도 그래. 뭐니 뭐니 해도 건강이 최고야. 네가 자랑스러워. 이런 시간도 지나가게 마련이야."

매직워드는 약방의 감초다

지하철 9호선에는 유명한 문구가 하나 있다. 당산역, 고속버스터미널역 등 에스컬레이터 벽면에 붙어 있는 안전 캠페인 문구다.

"저기 들어오는 저 열차 여기서 뛰어도 못 탑니다. 제가 해봤어요."

이 문구가 왜 유명해졌을까? 사람들 마음을 움직였기 때문이다. 이 문구에 공감한 사람들이 너도나도 자신이 이용하는 SNS(소셜네트워크서비스)에 퍼 날랐다. 사람들 마음을 움직이는 매직워드였기 때문이다.

"뛰지 마세요. 핸드레일을 꼭 잡으세요" 등과 같은 지시어, 명령어,

통제어를 사용하지 않은 대신 '제가 해봤어요'라는 공감어를 사용했다. 이 한마디가 사람 마음을 움직이는 매직워드가 되었다.

약방의 감초가 있다. 감초는 어느 처방전에 들어가도 융합이 잘된다. 약성을 조화롭게 해주는 약재이기 때문이다. 그러기에 감초는 한약 처방에 십중팔구는 들어간다. 감초는 여기에 넣어도 OK, 저기에 넣어도 OK, 상승효과를 만들어낸다.

매직워드는 약방의 감초와 같다. 매직워드는 약방의 감초처럼 기를 살려주는 데도 OK, 용기를 북돋아주는 데도 OK, 삶에 활력을 불어넣는 데도 OK다. 매직워드는 부작용이 없다. 긍정의 효과만 나타낼 뿐이다. 매직워드를 여기에도 활용하고 저기에도 활용해보라. 매직워드가 사람 마음을 긍정적인 방향으로 움직이는 기적을 만든다.

힘이 되고 기쁨을 주는 말을 하라

옛날부터 전해오는 말에 "논에 물 들어가는 것과 자식 입에 밥 들어가는 것만큼 아름다운 것은 없다"라고 했다. 이 말을 들을 때마다 돌아가신 어머니가 그리워진다.

40대 중반쯤 되었을 때였다. 강의 스케줄이 부모님이 살고 계시는

집 근처에서 오후 시간에 잡혀 있었다. 점심시간에 부모님에게 들르겠노라고 전화를 드렸더니 아들이 온다는 소식에 어머니는 부랴부랴 장을 봐서 정성스럽게 점심상을 준비해주셨다. 내가 좋아하는 꼬막무침도 있었다.

부모님과 함께 한 상에 둘러앉아 맛있게 점심을 먹고 있는데 어머니가 나에게 물으셨다.

"맛있냐?"

어머니가 정말 듣고 싶은 말은 무엇이었을까? "맛있다. 엄마 최고"라는 말이 아니었을까? 나는 어머니를 더 기분 좋게 해드리려고 이렇게 말했다.

"엄마, 나는 엄마가 만들어준 이 꼬막무침이 최고예요. 대한민국 어디를 가도 이렇게 맛있는 꼬막무침은 먹어본 적이 없어요. 최고예요."

세월이 지난 뒤 어머니는 돌아가셨다. 그런데 얼마 전 누나가 나에게 말했다.

"네가 엄마한테 그랬다며. 엄마의 꼬막무침이 최고 맛있다고…. 엄마는 네 얘기만 나오면 두고두고 그 말씀을 하셨어."

어머니를 기분 좋게 해드리려고 한 말이었는데 그 말이 어머니에게는 평생 마음속에 살아 있었던 것 같다.

"말은 사람 입에서 태어났다가 사람 귀에서 죽는다. 하지만 어떤 말들은 죽지 않고 사람 마음속으로 들어가 살아남는다." 박준의 《운다고 달라지는 일은 아무것도 없겠지만》이라는 산문집에 나오는 문구다.

이 말을 이렇게 바꿔서 생각해보면 어떨까? "말은 당신 입에서 태어났다가 상대방 귀에서 죽는다. 하지만 어떤 말들은 죽지 않고 상대방 마음속으로 들어가 살아남는다."

초등학생 아이가 엄마에게 받아쓰기 시험지를 내밀었다. 80점이라고 적혀 있었다. 지난주에는 70점을 맞았다. 70점에서 80점으로 점수가 10점이나 올라서 자랑스럽게 엄마에게 시험지를 내민 것이다. 시험지를 받아든 엄마가 이렇게 말했다.

"엄마도 기분 좋은데 우리 딸은 얼마나 좋아. 잘했어."

엄마가 딸에게 준 것은 점수가 오른 것에 대한 칭찬의 말이 아니었다. 아이가 어떤 점수를 받아왔어도 '나는 너를 사랑해' 하는 마음을 담은 매직워드였다. 아이 가슴속에 평생 살아 있을 매직워드를 선물한 것이다.

자, 대청소를 해보자. 호주머니에 넣고 다니는 잡다한 것들을 정리해보자. 먼저 호주머니에 있는 것들을 다 꺼내라. 특히 이런 것들을 하나도 남김없이 다 꺼내라.

"그게 뭡니까? 내 그럴 줄 알았어요. 헐~ 말도 안 돼. 그러기에 내가 뭐라고 했습니까? 그래봤자 소용없다니까요." 기를 죽이는 부정적인 말들이다.

이런 말들은 다 쓰레기통에 버려라. 그리고 이제부터 이런 말들을 호주머니에 가득 채워라.

"참 잘하셨어요. 정말 대단하세요. 자랑스럽습니다. 와~ 짱이에요. 제가 부끄럽습니다. 저도 닮고 싶습니다." 기를 살려주는 긍정적인 말들이다.

긍정적인 매직워드를 호주머니 여기저기에 넣고 다녀라. 되도록 많이 넣고 다녀라. 위쪽 주머니에도, 아래쪽 주머니에도, 안쪽 주머니에도, 바깥쪽 주머니에도 여기저기에 꽉꽉 채워 넣고 다녀라. 그랬다가 사람들을 만나면 선물 나눠주듯이 나눠줘라. 이 사람에게도 저 사람에게도 마구 나눠줘라.

매직워드를 약방의 감초처럼 사용하라. 매직워드가 사람 마음속에 들어가 평생 살아남는다.

말에도 맛이 있다고?
어떻게 해야
말이 맛있어지는데?

의성어, 의태어를 사용하라.
무미건조한 말이
탱글탱글, 생기발랄해진다.

의성어, 의태어를 사용하면
말이 맛있어진다

> **똑같은 식당을 설명하는데도…**

두 친구가 어제 다녀온 맛집에 대해 설명했다. 같은 모임에 참석해 같은 맛집에서 식사했다. 두 친구가 똑같은 식당에 대해 이야기하는데 사람들 반응은 극과 극이었다.

첫 번째 친구가 어제 다녀온 맛집에 대해 설명했다.

"김치찌개가 참 맛있었다. 그 집 김치찌개는 정말 일품이었다. 가격도 저렴해서 좋았다."

듣는 사람들 반응이 신통치가 않았다. 반응도 없었을뿐더러 그의 얘기에 관심도 별로 없었다. 무미건조하게 사실만 나열했기 때문이다.

다른 친구가 설명했다.

"얼리지 않은 생고기를 숭덩숭덩 썰어넣고 찌개가 보글보글 끓는데 사람들이 못 참겠다는 듯 너도나도 찌개국물을 한 숟가락 입에 떠넣더니 여기서도 척, 저기서도 척, 엄지손가락을 척척 들었다. 야, 김치찌개는 서울에서 최고였다. 내가 다녀본 곳 중에서 가성비 최고의 맛집이었다."

상황이 180도 달라졌다. 사람들이 귀를 쫑긋하고 들을 뿐만 아니라 "기기기 어디야? 나도 한번 가봐야겠다"고 하면서 음식점 상호와 위치를 알려달라고 했다.

무엇이 이들 설명에 이렇게 극과 극의 반응이 일어나게 했을까? 감이 오게 하느냐, 감이 오지 않게 하느냐의 차이다.

'감이 오지 않는다'는 말이 있다. 먼저 친구의 설명이 그랬다. 그래서 도대체 어쨌다는 거야? 말에 맛이 없다. 팩트 중심의 무덤덤하고 무미건조한 설명이었기 때문이다.

그러나 나중 친구의 설명을 보라. 그의 설명에 '숭덩숭덩, 보글보글, 엄지 척, 야, 가성비 최고' 등의 표현이 가미되어 있다. 감이 팍 온다. 말이 입에 척척 감기듯이 맛있다. 이것이 사람들로 하여금 그의 이야기에 군침을 흘리게 만든 것이다.

음식 맛은 요리사에 따라 달라진다. 누가 어떤 재료를 어떻게 요리하느냐에 따라 맛있는 음식이 되기도 하고 맛없는 음식이 되기도 한다. 말도 마찬가지다. 누가 어떤 재료를 어떻게 넣어 요리하느냐에 따라 귀에 척척 감기는 맛있는 말이 되기도 하고 아무 느낌도 없는 무미건조한 말이 되기도 한다.

우리가 느끼는 기본 맛으로는 '짠맛, 신맛, 단맛, 쓴맛'이 있다. 영양학자들은 여기에 한 가지 맛을 추가한다. 그 맛은 '감칠맛'이다. 감칠맛이란 음식 맛이 사라지지 않고 계속 입안에 감도는 맛을 말한다.

말을 감칠맛 나게 할 줄 알아야 한다. 한번 들은 말이 사라지지 않고 계속 귓가에 맴돌게 해야 한다. 그래야 상대방이 딴생각하지 않고 내 얘기를 따라오게 된다. '음식 맛은 혀로 느끼고, 말맛은 귀로 느낀다'는 사실을 잊지 말자.

의성어, 의태어를 사용하라

말을 맛있게 하는 방법이 있다. 내가 설명하려는 말에 의성어, 의태어를 사용해 조물조물 버무려주면 된다. 그러면 뻣뻣하고 맛없는 말도 '와!' 하는 반응이 나오는 맛있는 말로 변한다.

우리 얼굴에는 다섯 가지 감각기관이 있다. 눈은 시각이다. 코는 후각이다. 입은 미각, 귀는 청각, 뺨은 촉각이다. 이 다섯 가지 감각, 즉 시각, 청각, 후각, 미각, 촉각을 활용해 내가 하려는 말을 조물조물 버무려보라.

- **시각: 노릇노릇, 오들오들, 꽈당, 엎치락뒤치락**

- 후각: 음~ 향기 좋다, 윽~ 역겹다, 웩~ 이게 뭐야?
- 미각: 짭짜름하다, 달달하다, 고소하다, 바삭바삭하다
- 청각: 딸랑딸랑, 딩동댕, 따르릉, 덜커덩, 똑똑똑
- 촉각: 부들부들, 매끈매끈, 까칠까칠, 쫀득쫀득

다섯 가지 감각을 이용한 대표적인 말이 의성어와 의태어가 아닐까 싶다. 내가 하려는 말에 의성어, 의태어를 사용해보라. 그러면 느낌도 달라지고, 생생함도 달라지고, 마음을 헤집고 들어오는 힘도 달라진다.

찌개가 지글지글 보글보글

면발이 탱글탱글 쫄깃쫄깃

사람들이 너도나도 여기저기서

의성어, 의태어가 모여 사는 아파트 하나를 마련해줘라. 노트 한 권에 의성어, 의태어를 수집해서 함께 모여 살게 하는 것이다.

흑흑, 풍덩, 펑펑, 꿀꺽, 멍멍, 야옹, 어흥, 쿨쿨, 글썽, 탱탱, 짜릿, 엉엉, 찰칵,

졸졸, 덜컹, 꽈당, 냠냠, 쏙쏙, 퐁퐁, 짹짹, 털썩, 뚝딱

깔깔깔, 꼬끼오, 쏴아아, 꼬르륵, 뿌지직, 부르릉, 갸우뚱, 뽀드득, 아뿔싸, 콩

콩콩, 쨍그랑, 우당탕, 졸졸졸, 와르르, 빙그레, 홉홉홉, 빙빙빙

칙칙폭폭, 첨벙첨벙, 꿀꺽꿀꺽, 삐뚤빼뚤, 옹알옹알, 뚝딱뚝딱, 찰랑찰랑, 주룩

주룩, 대롱대롱, 터벅터벅, 째깍째깍, 부글부글, 시끌시끌, 오들오들, 비틀비

틀, 빤지르르, 부랴부랴, 뽀글뽀글, 으라차차, 반짝반짝, 빙글빙글

이렇게 의성어, 의태어를 한곳에 모여 살게 하면 처음에는 조용하
다가 자기들끼리 어느 정도 친해지면 당신에게 귀찮게 말을 걸기 시
작한다. 자기들을 이렇게 저렇게 사용해달라고…

〈모두 다 뛰놀자〉라는 상큼발랄한 동요 가사처럼 말이다.

모두 다 홉홉홉 뛰어라

모두 다 훨훨훨 날아라

모두 다 동동동 굴러라

모두 다 빙빙빙 돌아라

우우 와와와와 와

말을 자작자작 맛있게 하는 연습을 하라

의성어, 의태어를 이용해 말을 맛있게 하는 연습을 해보자. 앞에서

수집한 단어들을 이용해서 3단계로 나누어 연습해보면 효과적이다.

1단계는 초급 단계다. 기존에 내가 하던 말에 의성어, 의태어를 삽입해 말을 만드는 방법이다.

- 전화를 받자마자 내 가슴이 뛰기 시작했습니다.
  - **→ 전화를 받자마자 내 가슴이 쿵쾅쿵쾅 뛰기 시작했습니다.**
- 찐빵을 보자 나도 모르게 침을 삼켰습니다.
  - **→ 따끈따끈한 찐빵을 보자 나도 모르게 침을 꼴깍 삼켰습니다.**

2단계는 중급 단계다. 기존에 내가 하던 말을 새로운 표현으로 바꿔보는 것이다. 말에 활력이 생기고 생생한 그림이 그려지게 된다.

- 이를 깨끗이 닦아요.
  - **→ 치카치카 윗니 아랫니 쓱쓱싹싹 깨끗이 닦아요.**
- 총알배송 예스24입니다.
  - **→ 아침에 클릭, 퓸~, 오후에 띵동!, 오~, 예스! 총알배송 예스24입니다.**

3단계는 고급 단계다. 같은 값이면 다홍치마라고 했다. 어둡고 칙칙한 옷보다는 울긋불긋 색깔 있는 옷이 더 낫지 않던가. 무뚝뚝하고 멋대가리 없는 말을 통통 튀는 생기발랄한 말로 바꾸는 과정이다.

지나가던 사람이 다가와 길을 묻는다. 상대방이 알아듣기 쉽게 조곤조곤 설명하는 모습을 보라.

- 쭉 가다가 우측으로 꺾어지세요. 그리고 조금만 더 가다가 왼쪽으로 꺾어지면 돼요.
  → 100m 정도 쭉 가면 편의점이 있어요. 거기서 우측으로 돌아 50m 정도를 가세요. 조그마한 빵집이 나올 거예요. 그 빵집을 끼고 왼쪽으로 돌면 바로 앞에 찾으시는 목적지가 있어요.

백화점 화장품 코너에서 한 뷰티 카운셀러가 여성 고객에게 화장품을 설명하고 있다. 의성어, 의태어를 섞어서 설명해주니 메말랐던 느낌이 촉촉해진다.

- 피부가 말라가는 계절입니다. 선크림은 기본, 여기에 수분 화장품도 꼭 챙겨주세요.
  → 피부가 바짝바짝 말라가는 계절입니다. 요즘같이 뜨거운 태양볕이 사모님 피부에 어떤 테러를 가할지 모릅니다. 선크림은 기본으로 챙기시고요. 여기 수분 화장품도 꼭 챙겨서 얼굴에 듬뿍듬뿍 발라주세요.

재미있게 말하라고?
나보고 개그를 하라고?
무뚝뚝한 내가?

억지로 웃기려 하지 마라.
웃기는 것보다
더 중요한 것이
웃는 얼굴이다.

웃기지 못하겠거든
잘 웃어라

상담에서 가장 중요한 것은?

뮤지컬에서 가장 중요한 것은? 감동을 주는 것? 연기를 잘하는 것? 노래를 잘하는 것? 아니다. 관객을 지루하지 않게 하는 것이다. 그럼 서비스에서 가장 중요한 것은? 감동을 주는 것? 아니다. 고객을 불편하지 않게 하는 것이다. 마음이 불편하지 않게, 이용이 불편하지 않게 하는 것이다.

책이 재미없으면 어떻게 하는가? 던져버린다.

드라마가 재미없으면? 채널을 돌려버린다.

그럼 이야기가 재미없으면? 듣지 않는다.

상담에서 가장 중요한 것이 상대방으로 하여금 지루하지 않게 하는 것이다. 상담이 재미있어야 대화에 집중하게 되고 끝까지 내 말을 듣게 된다.

곤지암에서 강의를 마치고 서울로 돌아오는 길이었다. 평상시 즐겨듣던 한 라디오 프로그램에서 진행자가 오프닝 멘트를 이렇게 시작했다.

"갱년기라는 말은 여자에게 하는 말이랍니다. 그러면 남자에게는 뭐라고 할까요?"

'남자에게는 뭐라고 하지?' 하고 잠시 주춤하는 사이 진행자의 다음 말에 웃음이 빵 터졌다.

갱놈기!

인생에서 자기 자신에 대해 가장 많이 고민할 때가 언제일까? 사춘기와 갱년기라는 것이다. 사춘기에는 앞으로 어떤 인생을 살아야 할 것인가 하는 고민으로, 갱년기에는 내가 왜 이렇게 살아야 할까 하는 고민으로 많은 시간을 보내게 된다.

그럼 갱놈기에는? '앞으로 어떻게 먹고살아야 할까?'일지도 모르겠다. 이러한 오프닝 멘트가 끝나고 본격적으로 오늘 핵심 이슈인 여성의 갱년기 이야기로 넘어갔다.

이 프로그램이 인기 있는 이유는 프로그램 내용도 유익하지만 프로그램이 진행되는 중간중간 유머와 재치가 섞여 있어 청취자들을 즐겁게 해주기 때문이다.

마음을 여는 데는 유머가 최고다

당신은 웃음을 주는 사람인가, 아니면 웃음을 받는 사람인가? 한 결혼업체 조사결과를 보면 이성에게 가장 인기 있는 사람은 유머 감각이 풍부한 사람이었다. 웃음을 주는 사람이 인기가 많다는 것이다.

분위기 메이커로 불리는 친구가 있다. 그 친구가 모임에 참석하면 분위기가 밝아진다. 활기가 넘치고 웃음이 끊이지 않는다. 그러나 그가 없으면 그날 모임은 재미가 없다. 웃음도 없고 분위기도 썰렁하다. 그 친구가 하면 같은 말인데도 위트와 재치가 넘친다. 지난 모임에서 그 친구가 들려준 유머 한 토막이다.

버스를 기다리고 있었다. 사람들이 버스를 타려고 정류장에 길게 줄을 섰다. 마침내 버스가 도착했고 사람들이 너무 많아서 버스기사가 뒷문을 열었다. 그러자 중학생 한 명이 뒷문으로 버스를 탔다.

그 학생이 버스단말기에 지갑을 찍으며 입으로 '삑~' 하는 단말기 소리를 냈는데 그 흉내가 어설펐다. 버스 안에 있던 사람들이 모두 눈치를 챘고 운전기사도 눈치를 챘다. 잠시 정적이 흘렀다. 운전기사가 직접 "잔액이 부족합니다"라고 말했다. 이 말에 버스 안은 웃음 폭탄이 빵 터졌다.

《동의보감》에서는 아침에 일어나자마자 웃는 웃음은 보약 10첩보다 낫다고 했다. 다른 사람을 웃음 짓게 하는 것은 보약 10첩을 선물하는 것보다 낫다는 말이다. 오늘 내가 누군가에게 웃음을 주었다면 그에게 보약 10첩을 선물한 것과 같다.

웃기는 것보다 더 중요한 것은 웃는 얼굴이다

사람을 상대로 하는 상담에서 유머는 필수 사항 중 하나다. 그렇다고 해서 유머를 배우겠다며 유머 관련 사이트를 뒤지고 유머책을 사서 외울 필요는 없다. 평소 유머에 익숙하지 않은 사람이 갑자기 웃기겠다고 나서면 그게 더 어색하다.

억지로 웃게 하려고 할 필요는 없다. 유머는 재치가 번뜩이거나 박장대소할 정도의 특별한 것일 필요는 더욱 없다. 소소한 것일지라도 대화 속에서 자연스럽게 미소 지을 수 있게 한다면 그것으로도 충분하다.

우리나라에서 최고 병원으로 꼽히는 S대학교 병원에 80세가 넘은 어머니를 모시고 간 적이 있다. 그런데 환자를 대하는 의사의 얼굴에 웃음기가 없었다. 말투가 퉁명스럽고 무뚝뚝했다. 더욱이 말끝마다 반말이었다.

80세가 넘은 어머니가 무엇을 물었더니 "그러니까 바보지. 그걸 왜 먹어. 내가 하지 말랬잖아" 하는 식으로 환자에게 반말을 했다. 경어는 싹둑 잘라먹었다. 도대체 웃음과 경어는 어디다 팔아먹었나 싶었다. 대학교 졸업할 때 모교에 몽땅 반납하고 왔는지, 아니면 아프리카 어디에 입양이라도 보냈는지 정말 환자 마음을 불편하게 하는 의사였다.

또 다른 S대학교 병원에 진료를 받으러 갔다. 심장전문 의사였는데 그는 환자 말을 환하게 웃는 얼굴로 들어주었다. 중간에 환자 말을 끊지도 않았다. 환자에게 웃는 얼굴로 하나하나 설명했다. 이 병원에서 '닥터 스마일'로 통하는 의사라고 했다.

그가 환자를 웃는 얼굴로 대하게 된 데는 계기가 있었다고 한다. 몇 년 전 병원에서 '웃는 의사' 캠페인을 전개했다. 환자를 대할 때 철저하게 웃는 얼굴로 대하자는 캠페인이었다. 진료실에 영상 카메라를 설치했다. 의사가 환자를 어떻게 대하는지 관찰하는 카메라였다. 그런데 영상에 녹화된 자기 모습을 보고 깜짝 놀랐다. 환자를 편하게, 웃는 얼굴로 대하려고 나름 노력했는데 카메라에 비친 자기 모습은 그렇지 않았던 것이다.

그 이후 그는 철저하게 웃는 연습을 했다. 그래서 지금은 환자들이 가장 좋아하는 의사가 되었다. "웃음이 가장 좋은 치료제다." 그가 한 말이다.

웃지 않으려면 사람을 만나지 마라

유대인 속담에 '웃지 않으려면 가게 문 열지 마라'고 했다. 사람을 만날 때 웃지 않으려면 차라리 가게 문을 열지 않는 것이 더 낫다는 말이다. 이 말을 바꿔서 우리에게 적용하면 이렇다.

'웃지 않으려면 출근하지 마라.'

'웃지 않으려면 상담하지 마라.'

오늘 아침 부부싸움을 하고 나와서 속이 부글부글 끓고 있는가? 오늘 기분이 울적해서 웃을 기분이 아닌가? 그렇다면 사람을 만나지 마라. 상담하지도 마라. 사람을 만나면 철저하게 웃는 얼굴이어야 하는데 그렇지 못할 상황이라면 차라리 사람을 만나지 않는 것이 낫다.

얼굴은 내 것이다. 그러니 아름답게 가꾸고 다듬어야 한다. 그러나 표정은 내 것이 아니다. 상대방을 위한 것이다. 내가 웃는 것은 나를 위한 것이 아니다. 상대방을 위한 것이다.

웃음은 먼저 웃는 사람이 임자다. 내가 먼저 웃으면 상대방도 따라 웃게 된다. 이럴 때 관계의 주도권은 내게로 온다. 그러나 상대방이 먼저 웃고 내가 따라 웃으면 관계의 주도권은 상대방에게 넘어간다.

사람을 대할 때는 내가 먼저 웃어야 하는 이유다.

상대방을 웃겨야 한다는 강박관념을 버려라. 상대방을 웃기려고 스트레스를 받지도 마라. 유머는 자연스러워야 효과가 있는데 억지로 웃기려고 하면 도리어 역효과를 낳는다.

웃기지 못하겠거든 잘 웃어라. 웃기만 잘해도 화려한 유머를 하는 것보다 백배 낫다. 웃음은 바이러스처럼 전염력이 강해서 상대방 마음까지도 즐겁게 만들어주기 때문이다.

중앙경제평론사 Joongang Economy Publishing Co.
중앙생활사 | 중앙에듀북스 Joongang Life Publishing Co./Joongang Edubooks Publishing Co.

중앙경제평론사는 오늘보다 나은 내일을 창조한다는 신념 아래 설립된 경제·경영서 전문 출판사로서
성공을 꿈꾸는 직장인, 경영인에게 전문지식과 자기계발의 지혜를 주는 책을 발간하고 있습니다.

어떻게 말해야 설득할 수 있을까?

초판 1쇄 인쇄 | 2019년 7월 12일
초판 1쇄 발행 | 2019년 7월 17일

지은이 | 문충태(ChoongTae Moon)
펴낸이 | 최점옥(JeomOg Choi)
펴낸곳 | 중앙경제평론사(Joongang Economy Publishing Co.)

대   표 | 김용주
책임편집 | 이상희
본문디자인 | 박근영

출력 | 한영문화사 종이 | 한솔PNS 인쇄·제본 | 한영문화사

잘못된 책은 구입한 서점에서 교환해드립니다.
가격은 표지 뒷면에 있습니다.

ISBN 978-89-6054-227-3(03320)

등록 | 1991년 4월 10일 제2-1153호
주소 | ⊕ 04590 서울시 중구 다산로20길 5(신당4동 340-128) 중앙빌딩
전화 | (02)2253-4463(代) 팩스 | (02)2253-7988
홈페이지 | www.japub.co.kr 블로그 | http://blog.naver.com/japub
페이스북 | https://www.facebook.com/japub.co.kr 이메일 | japub@naver.com
♣ 중앙경제평론사는 중앙생활사·중앙에듀북스와 자매회사입니다.

Copyright ⓒ 2019 by 문충태
이 책은 중앙경제평론사가 저작권자와의 계약에 따라 발행한 것이므로 본사의 서면 허락 없이는
어떠한 형태나 수단으로도 이 책의 내용을 이용하지 못합니다.

도서
주문
www.japub.co.kr
전화주문 : 02) 2253 - 4463

※ 이 도서의 국립중앙도서관 출판시도서목록(CIP)은 서지정보유통지원시스템 홈페이지(http://seoji.nl.go.kr)와
국가자료공동목록시스템(http://www.nl.go.kr/kolisnet)에서 이용하실 수 있습니다.(CIP제어번호:CIP2019024766)

중앙경제평론사에서는 여러분의 소중한 원고를 기다리고 있습니다. 원고 투고는 이메일을 이용해주세요.
최선을 다해 독자들에게 사랑받는 양서로 만들어 드리겠습니다. **이메일 | japub@naver.com**